CINA DE PATRICIA QUINTANA

C

- Sopas
- Chiles
- Carnes
- Cocina al natural mexicana

CHILES

PATRICIA QUINTANA

OCEANO

CHILES

D. R. © 2007, EDITORIAL OCEANO DE MÉXICO, S.A. de C.V.
Blvd. Manuel Ávila Camacho 76, 10º piso,
Colonia Lomas de Chapultepec,
Miguel Hidalgo, Código Postal 11000, México, D.F.
☎ (55) 9178 5100   ☎ (55) 9178 5101
✉ info@oceano.com.mx

PRIMERA EDICIÓN

ISBN-13: 978-970-777-228-1
ISBN-10: 970-777-228-X

IMPRESO EN ESPAÑA / PRINTED IN SPAIN

ÍNDICE

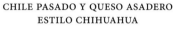
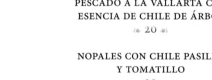

PRESENTACIÓN

———

El arte culinario mexicano es una expresión humana que refleja la comunión perfecta de la experiencia sensorial de los dones de la tierra y el amor por las tradiciones y las enseñanzas que hemos heredado de nuestras raíces.

Nuestra gastronomía nace y se recrea a través de los sentidos. La apetencia por los guisos tradicionales surge cuando admiramos el colorido de los mercados: las canastas de palma tejida rebosantes de quelites, lechugas, rábanos, jitomates, papas, cebollas blancas y moradas. Al sentir la textura de los chiles anchos, poblanos, mulatos, serranos; de las hojas de maíz secas, de los nopales, de los miltomates, evocamos el recuerdo vivo de su sabor tan familiar. Los aromas del cilantro, el epazote, la hoja santa, de las hojas de aguacate y de plátano despiertan el antojo por la infinidad de sazones que matizan el sabor del maíz, el frijol, las carnes, los mariscos, los pescados.

La diversidad de ingredientes que forman parte del festín culinario es una característica muy valiosa de nuestra gastronomía, sin embargo, el elemento que le da esa identidad incomparable es el corazón que ponen las mujeres en esta noble tarea. Esta devoción es parte de las tradiciones que provienen desde la época prehispánica; de nuestros abuelos, quienes de boca en boca, de corazón a corazón nos enseñaron a apreciar con humildad a la naturaleza y sus frutos. Para ellos, el mundo natural y lo sobrenatural se entrelazaban, ligados íntimamente en el equilibrio cotidiano. Así, las artes culinarias matizadas por un sentimiento sagrado y místico alimentan tanto al cuerpo como al espíritu de los hombres.

La fusión con la cultura occidental y la oriental permitió un gran enriquecimiento gastronómico. Este legado se mantiene vivo en nuestras propias recetas que se han hilado con diversos gustos que llegaron de otras tierras: de Europa, las almendras, el aceite de oliva, las cebollas, el ajo, la leche, los quesos, la crema, el puerco, el vino, las aves; de Asia, la pimienta negra, el jengibre, la soya, el arroz; del Caribe, el arroz con pollo, el pimiento dulce, los frijoles en sofrito, los picadillos, el plátano verde, la yuca, el ajo, el pescado en escabeche y los cascos de guayaba. Nuestra comida refleja ese intercambio cultural en donde la historia se proyecta, se compenetra, se revive.

Los guisos con el particular sazón de cada región de nuestro país son un maridaje único de las sinfonías de color y sabor de sus elementos esenciales: los jitomates, los tomatillos, el chile serrano, el jalapeño, el cacahuate, la vainilla, el chocolate, el pulque. La comida es la manifestación artística más representativa de nuestras fiestas y ferias; así, al paso de las generaciones, nuestra profunda sensibilidad del festejo y el enamoramiento por el sabor se perpetúan en nuestras tradiciones.

Desde pequeña, la cocina ha sido para mí remembranza y descubrimiento que se interioriza, se reflexiona. Es, como todo en la vida, un ir y venir de encuentros con la naturaleza, con la tradición, con nuestra esencia. Cada receta que presento en esta serie de obras es para mí una expresión imperecedera que define nuestro ser mestizo. Es un patrimonio vivo y cambiante que se ha enriquecido y renovado, que fluye intuitivamente según la inspiración adquirida a través de la búsqueda culinaria realizada por todos los rincones de México durante años.

Espero que disfruten estos libros, cada uno de ellos es un reencuentro con nuestro país que cautiva los sentidos y deleita al corazón a través de aromas, texturas y sabores.

PATRICIA QUINTANA

CHILE
CON HUEVO

PARA LA SALSA:

½	tazas de agua
6	jitomates guaje, cuatetomate o jitomate riñón
3	dientes de ajo sin piel
10-14	chiles serranos asados a fuego directo
½	cebolla mediana, cortada
2-2½	tazas de agua caliente o caldo de pollo desgrasado
1	rebanada de cebolla mediana
⅓	taza de aceite de oliva extravirgen
1½-2	cucharaditas de sal o al gusto

PARA LOS HUEVOS:

6	huevos
6	claras de huevo
⅓	taza de aceite de oliva
1	cucharadita de sal o al gusto

PARA PREPARAR LA SALSA:

En una cacerola ponga el agua a hervir junto con los jitomates y el ajo. Ase a fuego directo los chiles o sobre un comal precalentado e incorpórelos a los jitomates, cocínelos durante 3 minutos. Apártelos y déjelos enfriar.

Licúe los jitomates, los dientes de ajo, los chiles serranos y la cebolla cruda junto con ½ taza de agua hasta que tenga la consistencia de una salsa semiespesa. Precaliente una cacerola, incorpore el aceite de oliva y sazone con un poco de sal; agregue la rebanada de cebolla y dórela por ambos lados; vierta la salsa a la cacerola y cocine durante 15-20 minutos o hasta que espese ligeramente, en caso de que llegara a espesar mucho agregue 2-2½ tazas de agua o caldo. Vuelva a sazonar. La salsa deberá de quedar semiligera. Rectifique la sazón.

PARA PREPARAR LOS HUEVOS:

En un recipiente bata los huevos y las claras, agregue la sal. Precaliente una sartén, agregue el aceite; vierta los huevos, déjelos reposar; con un tenedor, revuélvalos. Retire la sartén del fuego. Déjelos cuajar para que queden esponjados y tiernos. Regrese al fuego e incorpore la salsa. Vuelva a sazonar con otro poco de sal. Continúe su cocción hasta que la salsa quede semiespesa y el huevo tenga una consistencia caldosa.

PRESENTACIÓN:

Sirva el huevo con chile en platos hondos, acompañe con frijoles de la olla y tortillas recién hechas.

VARIACIONES:

- Prepare con huevitos de codorniz y utilice 5 por persona.
- Agregue queso cottage, requesón o jocoque al batir los huevos e incorpore cebollín y echalote rebanados finamente.
- Sirva los huevos en salsa verde con tomatillo o miltomate.
- Puede utilizar la salsa de esta receta con huevos estrellados, escalfados o poché.

NOTAS:

- Lave las verduras y los chiles con un cepillo o una esponja, después desinfecte por 15 minutos. Escurra y deje orear antes de utilizarlos en la receta.
- Los huevos deberán ser muy frescos, u orgánicos.

CHILES POBLANOS RELLENOS
DE FLOR DE CALABAZA

PARA EL CALDILLO DE JITOMATE:

1½   kg [3 lb] de jitomate bola grande
½   cebolla mediana, cortada
3   dientes de ajo sin piel
2-3 tazas de agua caliente
2   cucharadas de aceite de oliva
2   rebanadas de cebolla delgadas
1   cucharadita de sal de grano o al gusto

PARA EL RELLENO
DE FLOR DE CALABAZA:

⅓   taza de aceite
4   dientes de ajo sin piel, finamente
     picados
1½   cebollas finamente picadas
6   jitomates grandes, finamente picados

4   chile serranos finamente picados
1½   kg [3 lb] de flor de calabaza finamente
     picada
⅓   taza de epazote finamente picado
1   ramita de epazote fresca
½   cucharadita de sal de grano o al gusto
1½   cucharaditas de sal o al gusto

PARA LOS CHILES:

8   chiles poblanos medianos, asados,
     sudados, sin piel, desvenados

PARA LA GUARNICIÓN:

8   hojitas de perejil
8   cucharadas de crema natural o espesa
160 g [6 oz] de queso de cabra desmoronado

PARA PREPARAR EL CALDILLO:

En una licuadora muela los jitomates con la cebolla, el ajo y el agua. Precaliente una cacerola, incorpore el aceite; dore las rebanadas de cebolla. Sazone con un poco de sal, vierta el caldillo. Rectifique la sazón. Cocine a fuego lento hasta que espese ligeramente. En caso de que el caldillo espese, añada 1-2 tazas de agua o caldo caliente.

PARA PREPARAR EL RELLENO:

Precaliente una cacerola, vierta el aceite; añada los dientes de ajo con la cebolla, acitrónelos. Sazone con poca sal. Incorpore los jitomates con los chiles. Continúe la cocción hasta que espese ligeramente. Vuelva a sazonar. Agregue la flor de calabaza, el epazote picado y en rama. Cocine a fuego lento durante 45 minutos o hasta que espese. Rectifique la sazón. Rellene los chiles con la flor preparada de manera que sobresalga el relleno; caliéntelos en una sartén con poco de caldillo, tápelos mientras se calientan.

PRESENTACIÓN:

En platos hondos sirva los chiles calientes al centro, con el relleno hacia fuera; de un lado el caldillo semiespeso, adorne con una raya de crema natural o por el otro costado salpique con queso de cabra desmoronado y las hojitas de perejil.

VARIACIONES:
- Sirva los chiles en platos hondos y báñelos con el caldillo; adorne los platos con ramitas de perejil, crema natural y un poco de queso de cabra desmoronado. Acompañe con tortillas recién hechas.
- Se puede agregar al relleno ¼ kg [9 oz] de queso Oaxaca, brie, panela o 400 g [14 oz] de queso de cabra, camambert o ranchero
- Incorpore los chiles rellenos al caldillo, cerrados con un palillo, cocínelos por 20 minutos. Puede colar el caldillo.
- Precaliente los chiles con un poco de caldillo, sin bañarlos. Sirva en platos hondos grandes el caldillo, encima coloque los chiles rellenos. Retire el palillo o los palillos. Adorne los platos con la crema, el queso de cabra desmoronado y las ramitas de perejil.

NOTA:
- Lave las verduras y los chiles con un cepillo o una esponja, después desinfecte por 15 minutos. Escurra y deje orear antes de utilizarlos en la receta.
- Ase los chiles a fuego directo por todos los lados; cuando estén negros, páselos a un recipiente con agua y hielos, déjelos por unos segundos, apártelos para que los chiles queden verdes. Retire la piel y desvénelos.
- Los chiles poblanos que tienen el rabito extendido son más picosos que los que tienen el rabito enroscado.

CHILES RELLENOS DE HONGOS
EN CALDILLO DE TOMATE
Y CHILE PASILLA

PARA EL RELLENO DE HONGOS:

⅓	taza de aceite de oliva
50	g [2 oz] de mantequilla cortada
2	dientes de ajo macho chicos, sin piel, finamente picados
2	cebollas medianas, finamente picadas
1	kg [2 lb] de hongo, champiñón, clavito o yema oreado, limpio, finamente picado
4-6	chiles de árbol fritos ligeramente, finamente picados
1	taza de cilantro finamente picado
1	manojo de cilantro con raíz
1½	cucharadita de sal gruesa o al gusto

PARA EL CALDILLO
DE TOMATILLO VERDE Y CHILE PASILLA:

4½	tazas de agua caliente
¾	kg [26 oz] de tomatillo sin cáscara
8	chiles pasilla limpios, desvenados, fritos ligeramente
1½	cebollas medianas, cortadas en cuarterones
4	dientes de ajo chicos, sin piel
⅓	taza de aceite de maíz
4	rebanadas de cebolla delgadas
1½	cucharaditas de sal de grano o al gusto

PARA LOS CHILES:

8	chiles poblanos asados, sudados, sin piel, desvenados

PARA LA GUARNICIÓN:

½	taza de crema natural
200	g [7 oz] de queso de cabra, de rancho, doble crema, Pijijiapan o Zacatecas desmoronado
16	ramitas de cilantro o perejil, corte de donde empieza el tallo tierno

PARA PREPARAR EL RELLENO:

Precaliente una cacerola, añada el aceite con la mantequilla, acitrone los ajos y la cebolla. Sazone con un poco de sal. Añada los hongos con el chile y la mitad del cilantro. Cocine unos minutos, vuelva a sazonar. Incorpore el resto del cilantro y el manojo de cilantro con todo y raíz. Continúe su cocción hasta que se forme un relleno espeso. Rellene los chiles, déjelos abiertos o ciérrelos con un palillo. Apártelos

PARA PREPARAR EL CALDILLO
DE TOMATE VERDE Y CHILE PASILLA:

En una cacerola caliente el agua, agregue los tomatillos, los chiles fritos, una cebolla y los dientes de ajo. Cocínelos durante ½ hora; deje enfriar. Muélalos junto con ½ cebolla cruda y cuele la salsa (puede ir sin colar).

Precaliente una cacerola, vierta el aceite, dore las rebanadas de cebolla; sazone con un poco de sal y vierta la salsa. Vuelva a sazonar con otro poco de sal y continúe su cocción hasta obtener un caldillo semiespeso. Antes de servir ponga un poco de caldillo en una sartén e incorpore los chiles rellenos y caliéntelos.

PRESENTACIÓN:

En un plato, haga un espejo de salsa, coloque el chile relleno, introduzca más hongos, para que sobresalga el relleno; decore de un lado con el queso rallado, y una hoja de perejil al lado, por el otro extremo marque una raya de crema.

VARIACIONES:
- Adorne cada chile con un pasilla pequeño, limpio y frito, póngalo por un lado al presentarlo.
- El relleno sirve como base de una sopa de hongos, incorporándole caldo de pollo desgrasado.
- Se puede usar cuitlacoche en vez de hongos o champiñones.
- Puede capear los chiles si lo desea.
- También puede rellenar chiles güeros o de agua frescos, asados, desvenados y sin piel o chiles anchos, desvenados y limpios, remojados en agua con sal y vinagre.
- Sobre platos hondos coloque los chiles y salséelos. Adorne con ramitas de cilantro, crema y queso desmoronado. Sirva inmediatamente, acompañe con tortillas recién hechas.

NOTA:
- Lave las verduras y los chiles con un cepillo o una esponja, después desinfecte por 15 minutos. Escurra y deje orear antes de utilizarlos en la receta.
- Deje los hongos a la temperatura ambiente en un lugar fresco para que se oreen.

CHILES POBLANOS RELLENOS
DE HUACHINANGO CON ESENCIA DE LIMA Y NARANJA AGRIA

PARA LOS CHILES:

8	chiles poblanos grandes, asados, sudados, desvenados
800	kg [28 oz] de filete de huachinango limpio, cortado en tiritas de ½ × 2 cm [⅕ × ⅘ in]
2	tazas de jugo de lima chichona o toronja
1½	tazas de jugo de naranja agria
½	taza de jugo de limón
1	taza de aceite de oliva (½ taza del virgen y ½ taza del extravirgen)
1½	cebollas rebanadas finamente en diagonal
½	taza de cebollín finamente picado
½	cucharadita de pimienta negra recién molida o al gusto
½-¾	cucharada de sal gruesa

PARA LA GUARNICIÓN:

200	g [7 oz] de salmón ahumado o sashimi de róbalo finamente rebanado
	Aceite de oliva extravirgen
	Pimienta negra martajada

PARA PREPARAR LOS CHILES:

Lave, seque, ase y sude en un trapo húmedo los chiles; retíreles la piel, desvénelos y enjuáguelos. Apártelos. Corte en tiras delgadas o en cuadritos el huachinango. En un bowl mezcle el resto de los ingredientes con la ayuda de un globo, incorporando hasta el final la cebolla, el cebollín y el huachinango. Rectifique la sazón. Marine durante 2 horas en refrigeración. Retire ½ hora antes de servir y rellene los chile con el huachinango preparado.

PRESENTACIÓN:

En un plato extendido coloque una rebanada de salmón, encima ponga el chile relleno cortado en cuatro medallones en sesgo, sepárelos un poco, en cada medallón rellene con un poco del ceviche adorne con dos tiras pequeñas del salmón ahumado. Con una cuchara deje caer alrededor un poco de la marinada, gotee el aceite de oliva y salpique un poco de la pimienta negra.

VARIACIÓN:

- En un plato extendido coloque una rebanada de salmón ahumado rociado con un poco de los jugos de la marinada; encima ponga el chile relleno de huachinango, rocíe con un poco de los jugos de la marinada y gotee con aceite de oliva. En el extremo sirva una cucharadita de crema batida y encima adorne con las hojitas de menta o albahaca. Sirva a temperatura ambiente.

NOTAS:

- Lave las verduras y los chiles con un cepillo o una esponja, después desinfecte por 15 minutos. Escurra y deje orear antes de utilizarlos en la receta.
- Los chiles poblanos que tienen el rabito extendido son más picosos que los que tienen el rabito enroscado.
- El pescado fresco deberá tener la carne firme, los ojos brillantes y las agallas rojas.

CHILE
AL ESTILO NAYARITA

PARA LOS CHILES POBLANOS:

16   chiles poblanos de 60 g [2 oz] c/u, asados, sudados en trapos, sin piel, abiertos por un lado, desvenados y remojados en agua con un poco de vinagre y escurridos

PARA LA VINAGRETA:

1¼   tazas de puré de mango manila o petacón natural cocido y reducido hasta que caramelice (aprox. 10 mangos)
¼   taza de vinagre de sidra
¼   taza de caldo de pollo reducido y desgrasado
¾   taza de jugo de mango de lata
1½   dientes de ajo medianos, sin piel, asados, molidos
¾   cucharadita de pimienta negra recién molida
1¼   cucharaditas de azúcar
¾   cucharada de sal o al gusto
½   tazas de aceite de oliva, de uva o de girasol

PARA EL RELLENO:

⅓   taza de vinagre de yema o jerez
3   limones, su jugo
1½   cucharaditas de pimienta recién molida
½   cucharadita de azúcar
1½-2   cucharaditas de sal o al gusto
6   cucharadas de aceite de oliva
4   latas de cangrejo de 180 g [6 oz] c/u, sin líquido
2-3   mangos manila medianos, cortados en cuadritos
⅓   taza de cebollín finamente rebanado

PARA LA PRESENTACIÓN:

8   ramitas pequeñas de tomillo frescas
   Pimienta negra recién molida
   La vinagreta
8   rebanadas de pan centeno tostado, cortado en triángulos

PARA PREPARAR LOS CHILES:

Ase los chiles a fuego directo y voltéelos con la ayuda de unas pinzas; páselos en un trapo húmedo, para que suden durante 5-8 minutos; retíreles la piel, lávelos en la corriente de agua, hágales una incisión pequeña por un costado, desvénelos, enjuáguelos ligeramente y escúrralos. Antes de servir rellene los chiles.

PARA PREPARAR LA VINAGRETA:

Corte los mangos frescos por ambos lados retire la pulpa con una cuchara y muélalos hasta dejar un puré; páselos a un recipiente y cocínelos hasta dejar un puré espeso. Apártelo y déjelo enfriar. En una licuadora emulsione el puré reducido junto con el vinagre, el caldo reducido, el jugo, el ajo, la pimienta, el azúcar y la sal. Añada gradualmente el aceite de oliva hasta que se forme la vinagreta semiespesa. Vuelva a sazonar, si es necesario, añada otro poco de azúcar. Refrigérela.

VARIACIÓN:
- Sirva con ramitas de cebollín cada chile.

NOTAS:
- Lave las verduras y los chiles con un cepillo o una esponja, después desinfecte por 15 minutos. Escurra y deje orear antes de utilizarlos en la receta.
- Lave y enjuague los chiles rápido para que tengan más sabor.
- Los chiles poblanos que tienen el rabito extendido son más picosos que los que tienen el rabito enroscado.
- Si los chiles están picosos, póngalos a remojar en agua con vinagre.
- Al comprar las latas revisar que no estén golpeadas, ni abolladas y sin abultamientos para evitar contraer botulismo. Verificar la caducidad.

PARA PREPARAR EL RELLENO:

En un recipiente ponga el vinagre de yema o de jerez, el jugo de limón, la sal, la pimienta y el azúcar, mezcle batiendo con la ayuda de un globo; agregue poco a poco el aceite de oliva hasta dejar una vinagreta semiespesa; añada el cangrejo junto con el mango y el cebollín. Vuelva a sazonar. Si se prepara el relleno con anticipación refrigérelo hasta antes de servirlo. Rellene los chiles.

PRESENTACIÓN:

En cada plato cuadrado ponga al centro el chile relleno de cangrejo; tome con una cucharita la vinagreta y decórelo haciendo líneas a los costados y enfrente como manchón de vinagreta, junto al rabito una ramita de tomillo. Sirva el resto de la vinagreta en una salsera y acompáñelo con pan de centeno tostado.

CHILES RELLENOS
ESTILO OAXACA CON
PICADILLO DE CARNE

⌦ PARA 8 PERSONAS

PARA LOS CHILES:

16	chiles pasilla oaxaqueños o pasilla chicos, lavados, desvenados, abiertos de un lado
3	tazas de agua
4	cucharadas de cenizas
1	taza de agua
10	cebollas de rabo medianas, partidas en sesgo, semigruesas
15	dientes de ajo medianos, sin piel
1½	cabezas de ajo cortadas por la mitad
2	tazas de vinagre de manzana
⅓	taza de aceite de oliva
6	ramitas de tomillo frescas
½	cucharadita de clavo entero
1	cucharada de pimienta negra
1	cucharada de pimienta gorda
¾	cucharada de sal de grano o al gusto

PARA EL RELLENO:

5	tazas de agua
3	cebollas medianas de rabo cortadas
½	poro
4	dientes de ajo medianos, sin piel
1½	cucharadas de sal o al gusto
800	g [28 oz] de carne de res, cuete o falda cocida, enfríela en su caldo, retírela, píquela finamente
½	taza de aceite
3	dientes de ajo medianos, sin piel, molidos
¾	cebolla mediana, finamente picada
800	g [28 oz] de jitomate finamente picado
⅔	taza de pasitas chicas, picadas
1½	cucharaditas de canela molida
¼	cucharadita de clavos de olor molidos

4	ramitas de tomillo frescas
4	ramitas de mejorana frescas
1½	cucharaditas de pimienta negra recién molida
¾-1	cucharada de sal o al gusto

PARA LA GUARNICIÓN:

8	ramitas de tomillo frescas, cortadas en pequeños trocitos

PARA PREPARAR LOS CHILES:

Lave los chiles, desvénelos y retire las semillas haciendo una pequeña incisión en un costado. Desfleme en agua de cenizas durante 2 horas; enjuáguelos y páselos a un recipiente. Reserve. En un recipiente incorpore una taza de agua, las cebollas en sesgo, los dientes de ajo, las cabezas de ajo partidas, el vinagre de manzana, el aceite de oliva, el tomillo, el clavo, las pimientas y la sal, marine en esta mezcla los chiles durante 1 día para aromatizarlos.

PARA PREPARAR EL RELLENO:

En una olla express ponga a calentar el agua, junto con las cebollas de rabo, el poro, los dientes de ajo y la sal; añada la carne. Tape la olla y póngala a hervir a fuego fuerte, una vez que empiece a silbar, baje la flama, cocine la carne a fuego lento durante 45 min–1 hora. Deje enfriar bajo del chorro del agua, cuando no silbe, destápela y verifique que la carne esté suave, si no vuelva a ponerla media hora y proceda de la misma forma. Cuando esté cocida déjela enfriar en el caldo para que se hidrate. Píquela con 2 cuchillos casi a deshacerla o bien córtela en cuadritos muy pequeños.

Precaliente una sartén, vierta el aceite; fría los ajos y la cebolla hasta que doren ligeramente. Sazone con un poco de sal. Añada la carne cocida, finamente picada, sofríala. Incorpore el jitomate, las pasitas; agregue la canela, los clavos, el tomillo y la mejorana. Vuelva a sazonar. Continúe su cocción hasta que esté espeso y sin líquido.

PRESENTACIÓN:

Escurra los chiles, rellene con el picadillo caliente y adorne por un costado con las cebollas de rabo en escabeche y rocíelas con el clavo, las pimientas, y un poco de tomillo troceado.

VARIACIONES:
- Haga el escabeche con los chiles pasilla negros medianos, ábralos y enrósquelos, coloque el relleno de picadillo caliente o frío y adorne con el escabeche y sus olores.
- Rellene los chiles con la carne y colóquelos en un platón. Adorne con las verduras del escabeche y con unas ramas de tomillo fresco.
- Utilice en lugar de chile pasilla oaxaqueño, pasilla negro.

NOTAS:
- Lave las verduras y los chiles con un cepillo o una esponja, después desinfecte por 15 minutos. Escurra y deje orear antes de utilizarlos en la receta.
- En caso de no tener olla express cueza la carne en agua hasta que este blanda, agregando agua constantemente.
- Los chiles secos sólo se desinfectan por 5 minutos, ya que pueden perder su aroma y consistencia.

PESCADO A LA VALLARTA
CON ESENCIA DE CHILE DE ÁRBOL

PARA LA SALSA DE CHILE DE ARBOL:

4	jitomates guajes grandes , maduros, (aproximadamente 600 g [21 oz]), asados
1	cebolla mediana asada
3	dientes de ajo grandes, sin piel, asados
8	chiles de árbol o japonés secos, desvenados, ligeramente tostados
1	cucharadita de aceite de oliva
1	cebolla mediana, picada
3½	tazas de caldo de pollo o de pescado, reducido a 2 tazas de caldo
1	cucharadita de orégano entero en hoja
½	cucharadita de pimienta negra recién molida
¼	cucharadita de comino entero
1½-2	cucharaditas de sal o al gusto

PARA LA GUARNICIÓN:

1	taza de aceite de oliva
1	cebolla mediana, finamente picada
5	dientes de ajo sin piel, finamente picados
4	tazas de maíz *cacahuatzintli* descabezado, cocido
½	cucharadita de pimienta o al gusto
2	cucharaditas de orégano molido
1	cucharadita de sal o al gusto

PARA EL PESCADO:

⅓	taza de aceite de oliva
⅓	taza de mantequilla clarificada
8	dientes de ajo sin piel, rebanados
8	trozos de filete de pescado fresco (200 g [7 oz] cada uno) en corte grueso, seque el exceso de agua Sal y pimienta al gusto

PRESENTACION:

8	rábanos finamente picados
1	cebolla mediana, finamente picada
2	cucharaditas de orégano entero

PARA PREPARAR LA SALSA DE CHILE DE ARBOL:

Precaliente una sartén o un comal grueso; ase los jitomates por ambos lados hasta que se empiecen a pelar; ase las cebollas junto con los ajos. Ase los chiles sin quemarlos, moviéndolos y rocíelos con el aceite de oliva. Muela los ingredientes asados con la cebolla cruda, el caldo reducido. Sazone con el orégano, la pimienta, el comino y la sal. Precaliente una cacerola y cocine la salsa durante 10 minutos o hasta que este semiespesa. Cuélela. Rectifique la sazón.

PARA PREPARAR LA GUARNICIÓN:

Precaliente una cacerola, agregue el aceite; incorpore la cebolla y los dientes de ajo picados, cocínelos a fuego mediano hasta que estén transparentes. Sazone con un poco de sal y pimienta. Rectifique la sazón. Añada el maíz y el orégano. Tape y cocine a fuego lento durante 15-20 minutos. Rectifique la sazón.

PARA PREPARAR EL PESCADO:

Precaliente una sartén gruesa, agregue el aceite y la mantequilla clarificada; dore los ajos y retírelos. Salpique el pescado con sal y pimienta; cocine los trozos hasta que doren de un lado y se les forme una costra, voltéelos y continué su cocción durante 2 minutos, tenga cuidado que no se resequen, para que queden jugosos y suaves. Retírelos, manténganlos calientes.

PARA LA PRESENTACIÓN:

En platos grandes calientes, ponga una cama del maíz *cacahuatzintli* cocinado, encima coloque el pescado, salsee por un costado y salpique atrás con los rábanos, la cebolla y el orégano.

VARIACIONES:
- En platos individuales acomode un trozo de pescado en un extremo; a un lado el maíz *cacahuatzintli*, del otro lado los montoncitos de rábano, cebolla y orégano; en el centro sirva la salsa que deberá estar a la temperatura del cuarto. Acompañe con las tortillas fritas.
- Utilice 8 tortillas de 6 cm [2.4 in] de diámetro, fritas.
- La salsa que sobre se podrá utilizar para preparar enchiladas o tortas ahogadas.

NOTAS:
- Lave las verduras y los chiles con un cepillo o una esponja, después desinfecte por 15 minutos. Escurra y deje orear antes de utilizarlos en la receta.
- Compre el maíz *cacahuatzintli* precocido en bolsitas.
- Cuando compre el pescado, deberá tener la piel firme, los ojos brillantes y las agallas rojas y olor a mar.
- Lave el pescado, escúrralo y séquelo antes de utilizarlo en la receta.
- Los chiles secos se desinfectan por 5 minutos.

NOPALES CON CHILE PASILLA Y TOMATILLO

PARA LA SALSA:

½	kg [18 oz] de tomatillos sin cáscara asados
¼	kg [9 oz] de xoconostles asados, sin piel, retire las semillas del centro
2	cebollas chicas, asadas
2	dientes de ajo asados
8	chiles pasilla negros largos, desvenados, fritos ligeramente
1½	tazas de agua para remojar los chiles
⅓	taza de aceite
1	cebolla cortada en rodajas
6	dientes de ajo sin piel
1½-2	cucharaditas de sal o al gusto

PARA LOS NOPALES:

16	nopales pequeños, limpios
	Aceite de oliva
	Sal gruesa al gusto

PARA PREPARAR LA SALSA:

En la licuadora muela los tomatillos, los xo-conostles, las cebollas, los chiles remojados durante 20 minutos y los dientes de ajo asados. Precaliente una cacerola agregue el aceite; dore la cebolla rebanada y los 6 dientes de ajo, sazone con un poco de sal, retírelos y refría la salsa. Sazone nuevamente. Cocínela durante 25 minutos.

PARA PREPARAR LOS NOPALES:

Unte ligeramente de aceite de oliva y sal grue-sa cada uno de los nopales, áselos en un comal por un lado, cuando empiecen a dorar ligera-mente, voltéelos y continúe su cocción hasta dejarlos tiernos.

PRESENTACIÓN:

Corte los nopales por mitad y colóquelos en los platos, a un costado vierta un poco de la salsa, sirva aparte más salsa en una salsera. Acompáñelos con tortillas recién hechas.

VARIACIONES:
- Prepare los nopales capeados y sírvalos con la salsa muy caliente.
- Sirva la salsa con verduras, calabacitas, nopales, huauzontles, quelites, verdolagas o carnes.
- Caliente una sartén con un chorrito de aceite. Con un tenedor ralle los nopales; forme un sándwich con dos de ellos poniendo una rebanada de queso asadero en medio, deténgalos con un palillo. Cocine en la sartén por ambos lados hasta que estén tiernos. Báñelos con la salsa caliente.

NOTAS:
- Ase a fuego directo o en un comal los tomatillos o los xoconostles, las cebollas y los dientes de ajo. Voltéelos.
- En aceite caliente fría los chiles ligeramente, sin que se amarguen.
- Lave las verduras y los chiles con un cepillo o una esponja, después desinfecte por 15 minutos. Escurra y deje orear antes de utilizarlos en la receta.
- Los chiles secos se desinfectan sólo por 5 minutos, ya que pueden perder su aroma y consistencia.

CHILES MANZANOS
EN VINAGRE

PARA LOS NOPALES:

5	tazas de agua
1	cebolla mediana, cortada en cuarterones
½	cabeza de ajo cortada
5	hojas de elote frescas
8	cáscaras de tomate verde
12	nopales pequeños, cortados en cuadritos
½-¾	cucharada de sal o al gusto

PARA LA VERDURA:

2½	tazas de agua
3	zanahorias medianas, finamente rebanadas a lo largo
3	calabacitas medianas, finamente rebanadas a lo largo
½	cucharadita de azúcar
1½	cucharaditas de sal o al gusto

PARA LOS CHILES:

¼	taza de aceite de maíz
1½	cebollas medianas, finamente picadas
3	dientes de ajo sin piel, finamente picados
8	chiles manzanos amarillos desvenados, cortados en tiritas
¾	taza de agua
¾	taza de vinagre o al gusto
1	cucharadita de orégano o al gusto
½	cucharada de azúcar
1-1½	cucharadita de sal de grano o al gusto

PARA PREPARAR LOS NOPALES:

En una cacerola de cobre, caliente el agua con la sal, deje hervir; incorpore la cebolla, la cabeza de ajo, las hojas de elote y las cáscaras de tomate verde y la sal. Rectifique la sazón. Añada los nopales, cocine hasta que estén suaves. Cuélelos en una canasta de mimbre para cortarles la baba. Apártelos.

PARA PREPARAR LAS VERDURAS:

En una cacerola ponga a calentar el agua; incorpore la sal y el azúcar, deje que hierva. Agregue las zanahorias y las calabacitas. Cocínelas durante 4 minutos o hasta que estén crujientes. Apártelas del líquido.

PARA PREPARAR LOS CHILES:

Precaliente una sartén, vierta el aceite; añada las cebollas, los ajos y los chiles, cocine hasta que se acitronen; vierta el agua, continúe cocinando; añada las verduras y los nopales escurridos. Sazone. Agregue el vinagre, el orégano, el azúcar y la sal. Cocine de 10 a 15 minutos más. Vuelva a sazonar.

PRESENTACIÓN:

En platitos hondos ponga los chiles junto con las calabacitas, las cebollas y las zanahorias.

VARIACIONES:

- En un recipiente o en una salsera coloque los chiles y acompáñelos con huevos revueltos, pescado, frijoles o carne asada y tortillas recién hechas.
- Acompañe los chiles manzanos con frijoles de la olla, tacos de carne, filete de res, carne asada en tiritas, pescado al vapor o con barbacoa.

NOTAS:

- Lave las verduras y los chiles con un cepillo o una esponja, después desinfecte por 15 minutos. Escurra y deje orear antes de utilizarlos en la receta.
- No enjuague los nopales al terminar su cocción, ya que pierden su sabor
- Los chiles manzanos son picosos, utilice aceite en las manos para que evite el picor en ellas.
- Retire el picor de las manos remojándolas en vinagre por unos segundos, se sentirá un ardor, pero después se quita.

CHILE ANCHO RELLENO
DE JAIBA Y QUESO DE CABRA

PARA 8 PERSONAS

PARA LA MARINADA (ESCABECHE):

8	chiles ancho medianos, abiertos por un costado, desvenados
	Agua suficiente para cubrir los chiles
2	tazas de agua
	Sal al gusto
4	zanahorias medianas, sin piel, rebanadas en tiras de ½ cm [⅕ in] a lo largo
⅓	taza de aceite vegetal
6	dientes de ajo sin piel
1½	cebollas cortados en cuarterones
8	ramitas de tomillo frescas
8	hojas de laurel frescas
8	ramitas de mejorana frescas
1	cucharada de pimienta negra
½	cucharada de pimienta gorda
1	taza de agua
1½	piloncillos cortados
1½	tazas de vinagre de barril, yema o manzana
¼	taza de vinagre blanco
½	cucharadita de azúcar
1½-2	cucharaditas de sal o al gusto

PARA EL RELLENO:

60	g [2 oz] de mantequilla
4	cucharadas de aceite de oliva
2	cebollas finamente picadas
4	chiles serranos finamente picados
¼	taza de perejil finamente picado
¾	kg [26 oz] de jaiba fresca o enlatada (su equivalente), limpia, lavada, escurrida
2	quesos de cabra de 200 g [7 oz] cada uno
1	cucharadita de pimienta negra recién molida
1½-2	cucharaditas de sal o al gusto

PARA PREPARAR LA MARINADA:

Lave los chiles y póngalos a remojar en agua con sal por 10 minutos.

En una cacerola ponga agua a calentar, añada con un poco de sal y azúcar. Agregue las zanahorias y cocínelas durante 8 minutos. Apártelas.

Precaliente una cacerola, vierta el aceite; fría los ajos hasta que doren ligeramente; agregue la cebolla, las hierbas de olor, las pimientas y las zanahorias precocidas, saltee por 8 minutos; incorpore el agua, en cuanto suelte el hervor añada los piloncillos y el vinagre. Sazone y cocine durante 20 ó 30 minutos o hasta que queden caramelizadas las verduras. Retire, deje enfriar. Una vez fría la marinada incorpore los chiles para que se maceren.

PARA PREPARAR EL RELLENO:

Precaliente una cacerola, agregue la mantequilla y el aceite; acitrone la cebolla; saltee los chiles; añada el perejil y la jaiba. Sazone y cocine durante 15 minutos. Aparte del fuego, deje enfriar. Incorpore el queso de cabra, puede mezclarlo o dejarlo en trozos grandes. Retire los chiles de la marinada, rellénelos con la jaiba y el queso de cabra.

PRESENTACIÓN:

En un platón o en platos individuales, bañe los chiles rellenos ligeramente con el escabeche, adorne por un lado con las zanahorias, las cebollas, el ajo con la mejorana, el tomillo, y las pimientas.

VARIACIONES:
- Puede preparar los chiles y guardarlos en frascos esterilizados. Su duración es hasta de 3 meses. No hierva los chiles ancho para evitar que se rompan al rellenarlos.
- Puede usar los chiles con salsas de jitomate cocido y de tomatillos verdes cocidos.
- Sirva los chiles con frijoles recién hechos o refritos, con carne de puerco, barbacoa o pollo.
- El escabeche sirve para marinar chiles poblanos, ancho, chilacas o chipotles. Igualmente puede usar el escabeche para guisar setas, manitas de puerco, camarones.
- Estos chiles se pueden rellenar igualmente con pulpo, camarón o pescado desmenuzado.

NOTAS:
- Lave las verduras y los chiles con un cepillo o una esponja, después desinfecte por 15 minutos. Escurra y deje orear antes de utilizarlos en la receta.
- Los chiles secos se desinfectan sólo por 5 minutos, ya que pueden perder su aroma y consistencia.
- La jaiba debe estar blanca, limpia, siempre con olor a mar, sin caparazón, límpielas con las manos.
- El relleno podrá estar caliente o frío.
- Siempre saque los chiles encurtidos con cuchara de madera.
- No deje los chiles más tiempo de lo necesario, ya que se reblandecen y pierden su consistencia para rellenarlos.

CHILE POBLANO

EN ESCABECHE CON SALPICÓN DE LANGOSTA

PARA LOS CHILES:

8 chiles poblanos medianos, asados, sudados, desvenados

PARA EL ESCABECHE:

1½ tazas de aceite de oliva
1 cabeza de ajo mediana, limpia, partida por la mitad
10 ajos grandes sin piel
4 cebollas medianas, cortadas en sesgo, en rebanadas delgadas
10 ramitas de mejorana frescas
10 ramitas de tomillo frescas
10 ramitas de laurel frescas
2¼ cucharaditas de orégano fresco
4 tazas de vinagre de fruta o blanco
1½ tazas de caldo de pollo desgrasado
1 cucharadita de pimienta gorda
1 cucharada de pimienta negra recién molida
1 cucharada de azúcar
1½ cucharada de sal o al gusto
450 g [16 oz] de papitas baby hervidas en agua con sal
450 g [16 oz] de zanahorias sin piel, cocidas en agua con sal, cortadas en sesgo
4 calabacitas cortadas en ruedas delgadas, hervidas en agua con sal por unos minutos

PARA EL RELLENO:

¾ taza de aceite de oliva
1½ cucharadas de ajo finamente picado
1½ cebollas medianas, ralladas
1 kg [2 lb] de jitomates maduros, molidos con ½ cebolla y 4 dientes de ajo sin piel
1½ tazas de aceitunas finamente picadas
1 taza de almendras sin piel, finamente picadas
¾ taza de perejil finamente picado
3 colas de langosta grandes, frescas, limpias, páselas por agua de sal durante 4 minutos, córtelas en trozos pequeños (puede usar jaiba o cangrejo de lata)
1½ cucharadas de sal o al gusto

PARA PREPARAR LOS CHILES:

Lave y seque los chiles, áselos por todos los lados y póngalos a sudar envueltos solos en un trapo, páselos en agua fría durante unos minutos, para que queden crujientes y de color verde intenso. Remueva la piel quemada y retírela; ábralos ligeramente por un lado y desvénelos. En un recipiente con agua y sal póngalos a remojar durante unos minutos. Retírelos del agua, enjuáguelos o bien déjelos sin remojar.

PARA PREPARAR EL ESCABECHE:

Precaliente una sartén, vierta el aceite; dore la cabeza de ajos, retírela y apártela; incorpore los dientes de ajo, dórelos y retírelos. Pique la mitad de ellos e incorpórelos nuevamente al aceite caliente junto con las cebollas. Sazone con un poco de sal, deje acitronar y añada la mejorana, el tomillo, el laurel, el orégano, el vinagre, el caldo de pollo, las pimientas, el azúcar y las verduras previamente cocidas (excepto la calabacita). Rectifique la sazón. Cocine a fuego fuerte, cuando suelte el hervor, retire y sazone con la sal. Humedezca con el escabeche la cavidad del chile. Ponga los chiles a marinar de 1 a 2 días en el refrigerador o bien remójelos por dentro con el escabeche durante ½ hora.

Escúrralos. Las calabacitas rebanadas se agregan antes de servir los chiles, para que mantengan su sabor y color.

PARA PREPARAR EL RELLENO:

Precaliente una sartén mediana, vierta el aceite y una pizca de sal; añada el ajo finamente picado, dórelo ligeramente; agregue las cebollas y dórelas de igual forma; incorpore los jitomates molidos, sazone con un poco de sal. Cocine hasta obtener una consistencia espesa. Añada las aceitunas, las almendras, el perejil. Continúe su cocción, a fuego lento, hasta que el exceso de líquido se haya evaporado, aproximadamente 1 hora. Rectifique la sazón.

PRESENTACIÓN:

Escurra el escabeche de los chiles y rellene hasta que queden copeteados con el salpicón frío o caliente. En platos individuales sirva sobre una cama de escabeche alternando la verdura. Coloque el chile relleno y salsee con más escabeche. Sírvalo a temperatura ambiente.

VARIACIONES:
- Rellene los chiles con camarón o jaiba desmenuzados con fríjol refrito o con elote tierno, guisado como los esquites o rellenos de espinaca baby con queso de cabra o con romeritos o quelites.
- Haga taquitos con tortilla de maíz o de harina.

NOTAS:
- Lave las verduras y los chiles con un cepillo o una esponja, después desinfecte por 15 minutos. Escurra y deje orear antes de utilizarlos en la receta.
- Cuando compre la langosta, deberá cuidar que su carne esté firme, blanca, congelada en hielo limpio no parduzco y con olor a mar.

CHILE PASADO Y QUESO
ASADERO ESTILO CHIHUAHUA

PARA EL CALDILLO DE JITOMATE:

¾	kg [26 oz] de jitomates grandes, maduros
1	cebolla mediana, cortada en cuarterones
2	dientes de ajo medianos, molidos
2	chiles serranos frescos ó 2 chiles jalapeños sin rabito
1	taza de agua
¼	taza de aceite de maíz o girasol
2	rebanadas de cebolla
½-¾	cucharadita de sal o al gusto

PARA EL RELLENO:

¼	taza de aceite de maíz o girasol
¼	taza de mantequilla
1½	cebollas medianas, finamente picadas
14	chilacas asadas o chile pasado, desvenado e hidratado, sin piel, cortado en rajitas o en tiritas a lo ancho
3	jitomates grandes, pelados sin semilla, finamente picados en cuadritos, bien escurridos
½	taza de leche
¾	taza de crema espesa natural
¾	taza de crema ligera para batir
4½	tazas de queso asadero, manchego o menonita en cuadritos
½	cucharadita de pimienta negra recién molida
½	cucharadita de sal o al gusto

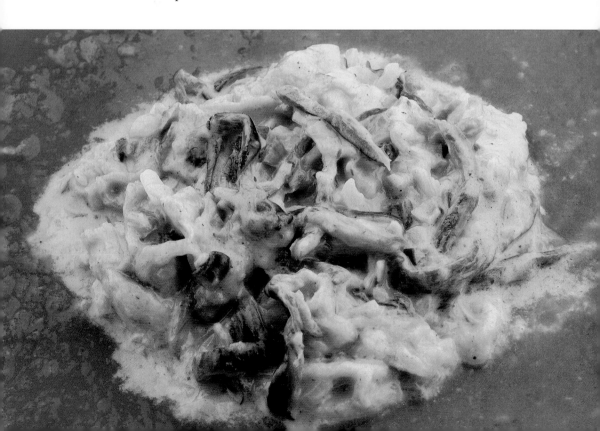

PARA PREPARAR
EL CALDILLO DE JITOMATE:

En la licuadora o procesador, muela los jitomates, la cebolla, el ajo, los chiles con el agua. Cuele la salsa. En una sartén caliente el aceite, dore las rebanadas de cebolla; vierta el puré de jitomate (deberá hacer un chasquido cuando caiga en la sartén). Cocine a fuego lento durante 40 minutos o hasta que quede muy ligero, moviendo ocasionalmente. Rectifique la sazón. En caso de que espese mucho añada un poco más de agua caliente para dejar una consistencia semiespesa.

PARA PREPARAR EL CHILE PASADO:

Precaliente una cacerola, agregue el aceite, la mantequilla y un poco de sal; añada las cebollas y saltéelas; incorpore las rajas de chilacas o de chile pasado, los jitomates, la leche, la crema espesa y la crema fresca. Sazone. Agregue el queso para que empiece a derretirse. Cocine 20 minutos hasta que se forme una salsa muy espesa con el queso parcialmente derretido. Páselo a baño María. Vuelva a sazonar.

PRESENTACIÓN:

En platos soperos o en un platón profundo sirva el caldillo de jitomate, encima coloque el chile pasado. Acompañe con tortillas de harina o de maíz.

VARIACIONES:
- Rellene los chiles poblanos con queso de cabra, ciérrelos con un palillo. Caliente una sartén, rocíe con aceite; voltéelos de un lado y del otro. Retírelos y quíteles el palillo. En un platón ponga la salsa de queso derretido al centro, encima los chiles haciendo una rueda y salsee con el caldillo de jitomate alrededor. Acompáñelo con tortillas recién hechas o de harina.
- Agregue el caldillo de jitomate inmediatamente antes de servirlo.
- Sirva en cazuelitas el chile pasado sin el caldillo de jitomate.
- Sustituya las chilacas con el chile verde, Anaheim o del norte.

NOTAS:
- Lave las verduras y los chiles con un cepillo o una esponja, después desinfecte por 15 minutos. Escurra y deje orear antes de utilizarlos en la receta.
- El chile pasado es de Chihuahua, y con el queso se puede servir caliente, tibio o a temperatura ambiente.
- Ase el chile a fuego directo, súdelo en bolsas de plástico o de papel o en trapo húmedo para que queden más suaves las rajas.
- El queso en general cuando amarga o pica, ya no está fresco.
- Tenga cuidado con la sal, ya que los quesos son salados.

CHILE ANCHO
RELLENO DE SARDINA, PAPA Y LECHUGA

PARA LOS CHILES:

16	chiles ancho pequeños y limpios, ligeramente abiertos por un costado, desvenados
1½	tazas de agua
1½	tazas de vinagre de yema
½	cucharadita de sal o al gusto

PARA EL RELLENO DE SARDINA:

3	latas de 300 g [10½ oz] de sardinas en tomate escurridas, picadas
3	papas medianas, cocidas, cortadas en cuadritos
3	jitomates grandes maduros, finamente picados
1½	cebollas medianas, finamente picadas
2	latitas de 110 g [4 oz] de chiles en vinagre picados (apartar ¾ de taza del vinagre)
1½	aguacates maduros, picados
1½	cucharaditas de sal y pimienta al gusto

PARA LA VINAGRETA:

¾	taza de vinagre de barril
¾	taza de vinagre de manzana o combine vinagre de sidra con vinagre de barril o con vinagre de yema
½	cucharadita de pimienta negra recién molida o al gusto
½	taza de aceite de oliva extravirgen
½	cucharada de orégano entero o al gusto
1½ -2	cucharadas de sal o al gusto

PARA LA GUARNICIÓN:

1	Lechuga orejona mediana, deshojada, limpia, desinfectada y refrigerada
24	rodajas de cebolla en rebanadas delgadas
32	rebanadas de jitomate muy delgadas
1	aguacate chico, maduro, cortado en cuadritos
250	g [9 oz] de queso Cotija desmoronado

PARA PREPARAR LOS CHILES:

Lave los chiles ancho, desvénelos. En un recipiente mezcle el agua y el vinagre. Remoje los chiles durante 1 hora. Escúrralos antes de rellenar.

En un recipiente combine las sardinas, las papas cocidas, los jitomates, la cebolla, los chiles en vinagre y el aguacate maduro. Rectifique la sazón. Rellene los chiles ancho.

PARA PREPARAR LA VINAGRETA:

En un recipiente hondo y con la ayuda de un batidor de globo, mezcle el vinagre, la sal y la pimienta; incorpore poco a poco el aceite de oliva y el orégano deshecho entre las palmas de las manos.

VARIACIONES:

- Puede hacer esta receta con relleno de salmón ahumado.
- También los puede rellenar con cangrejo, camarón, atún, langostino, trucha o marlín ahumada o macarela.
- Acompañe este platillo con arroz blanco.
- El relleno de sardina lo puede servir en rebanadas de bolillo tostado como canapé.

NOTAS:

- Lave las verduras y los chiles con un cepillo o una esponja, después desinfecte por 15 minutos. Escurra y deje orear antes de utilizarlos en la receta.
- El pescado ahumado deberá estar fresco, con consistencia firme.
- Al comprar las latas revisar que no estén golpeadas, ni abolladas y sin abultamientos para evitar contraer botulismo.
- Los chiles secos se desinfectan sólo por 5 minutos, ya que pueden perder su aroma y consistencia.

PRESENTACIÓN:

En cada plato coloque dos hojas de lechuga crujientes, los chiles encima; báñelos con la vinagreta, adórnelos con las rodajas de cebolla, de jitomate y el aguacate cortado en cuadritos. Para servir, salpique con el queso Cotija desmoronado.

CUARESMEÑOS EN ESCABECHE

RELLENOS CON SALPICÓN DE ATÚN, ACEITUNAS, ALCAPARRAS Y ACEITE DE OLIVA

PARA 8 PERSONAS

PARA LOS CHILES:

32	chiles jalapeños o cuaresmeño del mismo tamaño, abiertos con un cuchillo filoso en forma de T, desvenados
4	tazas de agua
4	cucharadas de café en grano recién molido
3	cucharadas de ceniza asentada (ceniza lavada)
5	cucharadas de azúcar

PARA EL ESCABECHE:

1	taza de agua
10	zanahorias grandes, sin piel, cocidas por 8 minutos en agua con sal y rebanadas en sesgo
3	cebollas de rabo grandes, cortadas en sesgo
8	dientes de ajo sin piel
10	hojas de laurel frescas
1	cucharadita de orégano seco
20	pimientas negras enteras
1	taza de vinagre de manzana
1¼	taza de aceite de oliva extravirgen
¾-1	cucharada de sal o al gusto

PARA EL SALPICÓN:

4	latas de atún en aceite, (latas de 115 g [4 oz])
1	taza de aceite de oliva
3	cebollas medianas, finamente picadas
4	dientes de ajo sin piel, finamente picados
¾	kg [26 oz] de jitomate finamente picado
2	plátanos macho maduros, finamente picados
¾	taza de aceitunas finamente picadas
½	taza de alcaparras finamente picadas
¾	taza de almendras sin piel, finamente picadas
½	taza de perejil finamente picado
½	cucharadita de pimienta
¾	cucharadita de sal o al gusto

PARA PREPARAR LOS CHILES:

Abra los chiles jalapeños con un cuchillo en forma de T por la parte del rabo un corte a lo ancho y hacia abajo dejando cerrada la punta del chile, desvénelos tenga cuidado de que no se rompan.

En una cacerola ponga el agua a hervir junto con el café, la ceniza y el azúcar. Una vez que hierva el agua, incorpore los chiles y hiérvalos durante 20 minutos. Déjelos enfriar un poco, cámbieles el agua varias veces durante el día para quitarles lo picoso. (Se dejan remojar durante 1 noche). Escúrralos al día siguiente.

PARA PREPARAR EL ESCABECHE:

En una cacerola ponga el agua a hervir; agregue las zanahorias previamente cocidas, las cebollas, los ajos, las hojas de laurel, el orégano, las pimientas, el vinagre y el aceite; añada los chiles. Sazone con sal. Cocine hasta que suelte un hervor. Retire del fuego.

PARA PREPARAR EL RELLENO:

Desmenuce el atún. Precaliente una cacerola, vierta el aceite de oliva, acitrone la cebolla junto con el ajo. Sazone con un poco de sal. Cocínelos hasta que estén transparentes y ligeramente caramelizados; agregue el jitomate, los plátanos macho, las aceitunas, las alcaparras, las almendras y el perejil; añada el atún. Vuelva a sazonar con pimienta. Continúe su cocción hasta que seque. Rellene los chiles en escabeche de forma que queden abiertos y abultados con el salpicón.

PRESENTACIÓN:

Acomode 4 chiles por plato, del centro hacia afuera o de afuera hacia adentro y adorne con el escabeche. En la punta de cada chile ponga las zanahorias y el escabeche. Entre cada chile intercale las zanahorias, hojas de laurel y las rodajas de cebolla. Sirva en frío.

VARIACIÓN:
- Puede variar el relleno de los chiles sustituyendo el atún por cazón o carne.

NOTAS:
- Lave las verduras y los chiles con un cepillo o una esponja, después desinfecte por 15 minutos. Escurra y deje orear antes de utilizarlos en la receta.
- Los chiles también se pueden macerar en el agua hervida con la ceniza hasta que esté fría.
- Cuando los chiles no estén picosos, desvénelos, marínelos en aceite de oliva en crudo y rellénelos con el salpicón.
- Al comprar las latas revisar que no estén golpeadas, ni abolladas y sin abultamientos para evitar contraer botulismo. Verificar su caducidad.

RODAJAS
DE CHILE MANZANO

PARA LOS CHILES:

6	chiles manzanos grandes, rebanados en ruedas o rajitas delgadas
2	cebollas moradas cortadas en sesgo, en rebanadas delgadas
1½	tazas de vinagre blanco
½	taza de jugo de limón
2	naranjas agrias, su jugo
¾	cucharadita de orégano triturado
½	cucharadita de pimienta negra recién molida
½-⅔	taza de aceite de oliva extravirgen
1½	cucharadita de sal o al gusto

PARA PREPARAR LOS CHILES:

En un recipiente ponga los chiles manzanos, las cebollas, el vinagre, el jugo de limón y el jugo de las naranjas. Sazone con el orégano, la pimienta y la sal. Mezcle todo muy bien. Incorpore el aceite de oliva. Rectifique la sazón.

PRESENTACIÓN:

Ponga las rajas de chile manzano en recipientes pequeños. Sirva con mariscos, pescados, aves o con frijoles.

VARIACIÓN:
- Sirva los chiles como acompañamiento de platillos de carne asada o con barbacoa al natural, acompañe con frijoles de la olla y tortillas recién hechas.

NOTA:
- Lave las verduras y los chiles con un cepillo o una esponja, después desinfecte por 15 minutos. Escurra y deje orear antes de utilizarlos en la receta.

SALSA DE CHILE PIQUÍN
CON PULQUE

PARA LA SALSA:

½	kg [18 oz] de tomatillo de milpa sin cáscara, asado
½	cebolla mediana, asada, picada
3	dientes de ajo sin piel, asados, picados
2	cucharadas de chiles piquín secos, fritos ligeramente
⅓	taza de agua
½-1	taza de pulque o cerveza

PARA LA GUARNICIÓN:

1	cebolla chica, finamente picada
1	cucharada de chile piquín frito ligeramente

PARA PREPARAR LA SALSA:

Precaliente un comal, ase los tomatillos, la cebolla y los dientes de ajo. Ase los chiles limpios, rocíelos con agua hasta que empiecen a tostarse ligeramente. Retírelos. En un molcajete ponga el ajo y la cebolla picada, remuélalos junto con los chiles. Sazone con un poco de sal. Añada los tomatillos. Incorpore el pulque o la cerveza. Vuelva a sazonar. La salsa deberá tener una consistencia semiespesa.

PRESENTACIÓN:

Pase la salsa a una salsera o sírvala en un molcajete de piedra o de barro. Agregue la cebolla y el chile piquín entero.

VARIACIONES:
- Acompañe con: barbacoa, costillitas de cordero, pechugas asadas o con taquitos dorados, pollo o pato rostizado.
- Sirva la salsa con quesadillas de queso, con tortillas de maíz o de harina. Acompañe con queso derretido o con taquitos de queso doble, crema o de frijoles refritos.

NOTA:
- Lave las verduras y los chiles con un cepillo o una esponja, después desinfecte por 15 minutos. Escurra y deje orear antes de utilizarlos en la receta.
- Los chiles secos se desinfectan sólo por 5 minutos, ya que pueden perder su aroma y consistencia.

PESCADO A LA CREMA
CON CHILES MORA Y MECO

PARA 8 PERSONAS

PARA LA CREMA DE CHILES:

4	chiles meco secos asados, desvenados picados
4	chiles mora secos asados, desvenados picados
1½	tazas de consomé de pollo desgrasado
6-8	dientes de ajo sin piel, asados
2½	tazas de crema natural
½	taza de crema ligera
1	diente de ajo sin piel, molido
1¼	cucharadas de consomé de pollo en polvo o al gusto
¾-1	cucharadita de sal o al gusto

PARA EL PESCADO:

8	filetes de huachinango o robalo de 150 g [5 oz] c/u en trozo o rebanado delgado

320	g [11 oz] de queso gruyère, rallado
8	camarones U12 limpios, desvenados y precocidos
3	tazas de caldo de pollo desgrasado, con poca sal
100	g [3½ oz] de mantequilla cortada
½	cebolla mediana, rallada
1	hoja de laurel fresca
2	ramitas de tomillo frescas
10	ramitas de perejil frescas
¼	cucharada de romero fresco
1	taza de vino blanco
1	cucharadita de pimienta negra molida
1	cucharadita de consomé de pollo en polvo
1½	cucharadita de sal o al gusto

PARA LA GUARNICIÓN:

⅓   taza de aceite de oliva
2   dientes de ajo
8   camarones U12 o U15 desvenados, limpios
400   g [14 oz] de queso manchego, gruyère o Chihuahua rallado
100   g [3½ oz] de queso parmesano rallado

PARA PREPARAR LA CREMA:

Precaliente el horno a 350 °F-175 °C durante 45 minutos.

En un recipiente ponga a remojar de 3 a 4 horas los chiles con el consomé y los ajos asados. En una licuadora mezcle estos ingredientes junto con las cremas, el ajo, el consomé de pollo en polvo y la sal.

Sobre un platón coloque los filetes de pescado, a cada uno póngale una rebanada de queso gruyère, 1 camarón precocido al dente y enróllelo, detenga con un palillo para evitar que se abran a la hora de cocerse.

Bañe los filetes de pescado con el caldo de pollo, la mantequilla, la cebolla rallada, el laurel, el tomillo, el perejil, el romero, el vino blanco, el consomé y la pimienta. Cocínelos en el horno a fuego directo de 8 a 10 minutos. Escúrralos y retíreles las hierbas. En una cacerola ponga a calentar el consomé y redúzcalo a ¾ de taza; incorpore la salsa de crema.

PARA LA GUARNICIÓN:

Precaliente una sartén vierta el aceite, dore los dos dientes de ajo, retírelos y fría los camarones por 3 minutos y sazónelos con un poco de sal.

PRESENTACIÓN:

Sirva en platos semihondos y coloque en cada plato un filete de pescado inclinado, bañe con un poco de salsa. Adorne con un camarón frito, haga una línea con la salsa y rocíe al centro con queso rallado.

VARIACIÓN:

- Sobre un refractario acomode los filetes de pescado, colocándole encima un camarón a cada uno, báñelos con la salsa y espolvoréeles el queso. Hornée de 10 a 12 minutos y gratine por 5 minutos más. Sirva inmediatamente.
- En un recipiente salpimente los filetes de pescado abiertos. Espolvoree el queso gruyère 40 g [1 oz] y 10 g [⅓ oz] de parmesano rallados, enrolle el filete de pescado y deténgalo con un palillo.
- Caliente el caldo en una cacerola a fuego directo y pochee los filetes de pescado enrollados. Cubra la cacerola y cocínelos durante 6-8 minutos para que queden tiernos.

NOTAS:

- Lave las verduras y los chiles con un cepillo o una esponja, después desinfecte por 15 minutos. Escurra y deje orear antes de utilizarlos en la receta.
- Los chiles secos se desinfectan sólo por 5 minutos, ya que pueden perder su aroma y consistencia.
- El pescado fresco deberá tener la carne firme, los ojos brillantes y las agallas rojas.
- El camarón deberá estar firme con olor a mar, su caparazón firme no aguado.
- Lave el pescado y los camarones, escúrralos y séquelos antes de utilizarlos en la receta.

BACALAO CON CHILE ANCHO
ENCURTIDO RELLENO DE GUACAMOLE

PARA EL BACALAO:

	Agua
	Leche
2	bolsas de bacalao noruego (1.200 g [2½ lb] c/u, remojado en agua y leche)
½	taza de aceite de ajo
½	taza de aceite de chiles

PARA EL GUACAMOLE:

4	aguacates (palta) maduros, sin cáscaras
1	cebolla finamente picada
4-6	chiles serranos finamente picados
⅔	taza de cilantro finamente picado
2	limones su jugo
½	calabacita molida
6	cucharadas de aceite de oliva
	Sal al gusto
½	cucharada de sal o al gusto

PARA EL CURTIDO DE PILONCILLO:

8	chiles ancho pequeños, desvenados
2	tazas de agua
1½	tazas de vinagre blanco
3	cucharadas de aceite de oliva extravirgen
250	g [9 oz] de piloncillo cortado en pequeños trozos
1	cebolla grande, fileteada semigruesa
4	dientes de ajo sin piel, fileteados
1	cucharada de pimienta gorda entera
½	cucharadita de pimienta negra entera
4	hojas de laurel frescas
4	ramitas de tomillo frescas
4	ramitas de mejorana frescas
¼	taza de aceite de oliva superextravirgen o al gusto
1-1½	cucharadas de sal o al gusto

PARA PREPARAR EL BACALAO:

En un recipiente de plástico ponga las piezas de bacalao, recúbralas con suficiente agua y déjelas remojar durante 1 día (cambie 2 veces el agua durante el día y refrigérelas). Escurra el agua y en el mismo recipiente recubra el bacalao con suficiente leche (cambie la leche durante el día 1 vez). Vuelva a escurrir, enjuáguelas, séquelas, retíreles la piel y las espinas.

A la hora de servir escurra el bacalao y séquelo. Precaliente una sartén, añada los aceites. Fría el bacalao de un lado durante 2 a 4 minutos dependiendo de su grosor. Voltee las piezas y continúe su cocción durante 2-3 minutos.

PARA PREPARAR EL GUACAMOLE:

En una tabla pique todos los ingredientes por separado; revuélvalos hasta formar el guacamole; incorpore el jugo de limón, el aceite de oliva, la calabacita molida, sazone con sal.

PARA PREPARAR
EL CURTIDO DE PILONCILLO:

Desvene los chiles, lávelos muy bien y escúrralos (los chiles tendrán que ser de un tamaño
pequeño). En un recipiente ponga el agua junto
con el vinagre, deje hervir durante 15 minutos;
incorpore los piloncillos, las cebollas, los dientes de ajo, las pimientas, las hierbas de olor, el
aceite y la sal. Cocine la marinada hasta que las
cebollas se caramelicen y espesen. Escurra los
chiles y rocíelos con la marinada caliente. Rectifique la sazón.

PRESENTACIÓN:

En 8 platos coloque el bacalao de un lado y en
el otro extremo el chile relleno con el guacamole, adorne con un poco de las cebollas caramelizadas. Haga figuras con el escabeche de
cebolla y pimientas sobre el plato.

VARIACIÓN:
- Sirva los chiles rellenos de bacalao y guacamole.

NOTAS:
- Lave las verduras y los chiles con un cepillo o una esponja, después desinfecte por 15 minutos. Escurra y deje orear antes de utilizarlos en la receta.
- Los chiles secos se desinfectan sólo por 5 minutos, ya que pueden perder su aroma y consistencia.
- El bacalao deberá tener olor fresco a sal y no pasado.

BUDÍN DE ARROZ
CON RAJAS DE CHILE POBLANO

PARA LA SALSA:

6	jitomates grandes, maduros, picados
½	cebolla mediana, picada
⅓	taza de agua
⅓	taza de aceite de maíz
2	cebollas cortadas en sesgo, en rebanadas delgadas
2	dientes de ajo medianos, sin piel, molidos
¾-1	cucharada de sal o al gusto
10	chiles poblanos asados, desvenados, desflemados, crujientes y cortados en rajas delgadas (ver págs. 46-47)
6	tazas de arroz blanco cocido
2	tazas de crema natural
1	taza de yogurt o jocoque espeso
450	g [16 oz] de queso Oaxaca rallado
200	g [7 oz] de queso asadero rallado
	Mantequilla
1	cucharada de sal
½	cucharada de pimienta
1	cucharadita de sal o al gusto

PARA PREPARAR EL BUDIN:

Precaliente el horno a 350 °F-175 °C.

En la licuadora, muela los jitomates, junto con la cebolla picada y el agua, remuélalo muy bien. Reserve la salsa.

Precaliente una cacerola, vierta el aceite, sazone con un poco de sal, acitrone las cebollas en rebanadas, hasta que estén transparentes; incorpore los ajos junto con los jitomates molidos. Vuelva a sazonar con la sal y la pimienta. Cocine la salsa hasta que empiece a espesar. Añada los 8 chiles poblanos el resto apártelos. Continúe su cocción hasta que se forme una salsa espesa. Rectifique la sazón. Mantenga a baño María la salsa y el arroz blanco precocido.

PRESENTACIÓN:

Precaliente los platos, y con un aro de 8 cm [3 in] de diámetro y de 4 cm [1½ in] de alto moldee ¾ taza de arroz cocido y caliente. Apriete el arroz para que quede comprimido. Retire el aro, rocíe con un poco de crema combinada con el yogurt, la sal, la pimienta, un poco de queso, encima la salsa espesa, adorne con las rajas asadas y crujientes, alrededor la crema haciendo figuras con el queso rallado.

VARIACIONES:

- Hágalo con queso manchego y asadero.
- La salsa de jitomate con rajas, cocínela hasta que se forme un puré espeso y ocúpelo en quesadillas, agréguele queso a la salsa.
- Sirva la salsa para acompañar bisteces.
- Utilice 6 huevos, separadas las claras de las yemas (opcionales para gratinar).
  Con una batidora bata las claras hasta que tengan el punto de turrón suave, agregue poco a poco la sal, con una espátula incorpore las yemas en forma envolvente. Engrase con mantequilla un refractario mediano, ponga 1 capa del arroz cocido, bañe con la mezcla de la crema y el yogurt, la salsa con las rajas, la mitad de las rajas de chile poblano asados y espolvoree los quesos. Por último ponga otra capa de arroz, el resto de la salsa, las rajas y la crema mezclada con el yogurt, y el queso. Esparza el betún encima. Hornee durante 40-45 minutos. Cocínelo hasta que dore. Sírvalo en un porta refractario o sobre una charola. Acompáñelo con ensalada.
- Agregue esquites al arroz.

NOTAS:

- Lave las verduras y los chiles con un cepillo o una esponja, después desinfecte por 15 minutos. Escurra y deje orear antes de utilizarlos en la receta.
- Los chiles poblanos que tienen el rabito extendido son más picosos que los que tienen el rabito enroscado.

SALSA
PICO DE GALLO

PARA LA SALSA:

1½	cebollas medianas, finamente picadas
5	jitomates rojos medianos, finamente picados
2-4	chiles serranos sin rabitos, finamente picados
½	taza de cilantro limpio, seco, finamente picado
1	cucharadita de sal gruesa o al gusto
2	limones, su jugo
2	cucharadas de aceite de oliva

PARA PREPARAR LA SALSA:

En un recipiente combine todos los ingredientes y déjelos macerar por 1 hora.

PRESENTACIÓN:

Esparza la salsa sobre los platos, salpique con el limón, el aceite y la sal gruesa.

VARIACIONES:

- Sirva la salsa acompañando huevos de codorniz, mariscos, carnes, pescados, quesos, queso de cabra, jocoque, pastas, nopales, calabacitas asadas a la plancha o quesadillas rellenas con queso fresco o asadero, acompáñelas con lechuga rebanada y crema.
- Añada más chiles si desea una salsa más picosa.
- Sirva la salsa sobre pescado al vapor.

NOTAS:

- Lave las verduras y los chiles con un cepillo o una esponja, después desinfecte por 15 minutos. Escurra y deje orear antes de utilizarlos en la receta.
- Pique los chiles con las semillas, le dará más sabor a la salsa.

CHICHARRÓN
AL CHILE PASILLA

PARA EL CHICHARRÓN:

¾	kg [26 oz] de tomate verde (tomatillo o miltomate) sin cáscara
1½	cebollas medianas
5	dientes de ajo medianos, sin piel
8	chiles pasilla medianos, desvenados, fritos
2-2½	tazas de agua
⅓	taza de aceite de oliva
4	rebanadas de cebolla
500	g [18 oz] de chicharrón grueso, cortado en trocitos de 3 × 2 cm [1⅕ × ⅘ in]
1½-¾	cucharadas de sal o al gusto

PARA LA GUARNICIÓN:

½	taza de chicharrón seco, delgado, rallado

PARA PREPARAR EL CHICHARRÓN:

En una cacerola ponga el agua a hervir; añada los tomates verdes, la cebolla, los dientes de ajo y los chiles pasilla fritos. Cocínelos durante 25 minutos. Muela la salsa. Precaliente una cacerola, agregue el aceite, la cebolla rebanada y dórela. Sazónela con un poco de sal. Incorpore la salsa molida y cocine a fuego lento hasta que espese un poco; agregue el chicharrón cortado y cocínelo hasta que se suavice.

PRESENTACIÓN:

En platos calientes, sirva el chicharrón en trocitos, salséelo y adórnelo con el chicharrón rallado. Acompáñelo con tortillas recién hechas y frijoles de la olla.

VARIACIÓN:

Ponga en la cazuela el chicharrón preparado, sirva con tortillas recién hechas, frijoles de la olla y arroz rojo.

NOTAS:

- Lave las verduras y los chiles con un cepillo o una esponja, después desinfecte por 15 minutos. Escurra y deje orear antes de utilizarlos en la receta.
- Los chiles secos se desinfectan sólo por 5 minutos, ya que pueden perder su aroma y consistencia.
- En algunas partes de México el chicharrón tiene más carne y menos cuero. En otras partes se sirve el chicharrón delgado, troceado para botana.
- El chicharrón debe estar crujiente y seco.

PECHUGA CON CREMA
DE ELOTE AL CHILE
POBLANO

PARA 8 PERSONAS

PARA LA CREMA:

6	chiles poblanos medianos, asados, sudados, desvenados
3	tazas de agua
3	elotes con sus hojas limpios
2	elotes desgranados
½	poro rebanado
4	ramas de perejil
1	chile poblano crudo, finamente picado y molido
2	cucharadas de aceite de oliva
2	rebanadas de tocino
1	cebolla mediana, rallada
4	cucharadas de mantequilla suave
1	cucharada de harina
6	dientes de ajo medianos, sin piel, molidos
¼	poro mediano molido
½	lt [18 oz] de leche hervida
1¼	taza de crema natural
¾-1½	tazas de caldo de pollo desgrasado
½	cucharadita de pimienta gorda molida
1-1½	cucharada de sal o al gusto

PARA LAS PECHUGAS:

3	tazas de caldo de pollo desgrasado
4	pechugas de pollo deshuesadas
8	pimientas gordas enteras
½	cucharadita de sal o al gusto

PARA LA GUARNICIÓN:

3	chiles poblanos grandes, asados, sudados, desvenados, cortados en cuadritos pequeños
¾	taza de queso parmesano rallado en tiritas finas
⅓	taza de queso parmesano rallado finamente

PARA PREPARAR LA CREMA:

A fuego directo ase los chiles poblanos de un lado y otro con la ayuda de unas pinzas. Apártelos, súdelos en un trapo húmedo durante 8 minutos. Retíreles la piel con el trapo, desvénelos. Rápidamente páselos en agua corriente para que no se les vaya su sabor. En una cacerola ponga el agua a hervir junto con una cucharadita de sal; agregue los elotes con las hojas, los elotes desgranados, el poro, el perejil. Cocínelos durante 20 minutos. Muela el resto de las verduras y los elotes desgranados con dos tazas del agua donde se cocinaron hasta formar un puré semiespeso. Cuélelo e incorpore el chile poblano crudo para darle color a la salsa.

Precaliente una cacerola, agregue el aceite, fría las rebanadas de tocino, incorpore la mantequilla y acitrone la cebolla rallada. Sazone con un poco de sal. Añada la harina, dórela ligeramente; incorpore los ajos, el poro, las verduras con los elotes molidos. Cocine a fuego mediano hasta que espese. Vierta la leche hirviendo, con la ayuda de un globo, muévala hasta que obtenga una salsa tersa. Vuelva a sazonar. Incorpore la crema junto con el caldo reducido. Sazone con la pimienta gorda molida y rectifique la sazón. Cocine durante 25 minutos o hasta que la salsa espese.

PARA PREPARAR LAS PECHUGAS:

En una cacerola grande ponga a calentar el caldo desgrasado, cuando suelte el hervor agregue las pechugas junto con las pimientas y la sal. Cocine durante 12 minutos a fuego mediano y 5 minutos a fuego muy bajo. Retire del fuego y déjelas en el caldo durante 8 minutos. Las pechugas deberán estar jugosas y suaves.

PARA PREPARAR LA GUARNICIÓN:

Ase los chiles como el procedimiento anterior y retíreles la piel con el trapo, desvénelos. Rápidamente páselos en agua corriente para que no se les vaya su sabor. Píquelos en cuadritos pequeños y ralle los quesos.

PRESENTACIÓN:

En platos extendidos y calientes coloque una línea de salsa de poblano en cada plato y rállela con una espátula para marcarla de modo que quede con textura, encima coloque de 3 a 4 cucharadas de los chiles asados y picados; sobre los chiles las pechugas cortadas en sesgo, adorne con los quesos rallados. Sirva de inmediato. Aparte en una salsera pase el resto de la salsa caliente.

NOTAS:

- Lave las verduras y los chiles con un cepillo o una esponja, después desinfecte por 15 minutos. Escurra y deje orear antes de utilizarlos en la receta.
- Lave las pechugas, séquelas y escúrralas antes de utilizarlas en la receta.
- El pollo deberá tener su carne de color rosado, su piel brillante, firme con aroma fresco.
- A fuego directo, con ayuda de unas pinzas, ase el pollo para quemar los restos de pluma, lávelo, escúrralo y séquelo antes de utilizarlo en la receta.

CHILE POBLANO RELLENO
DE CEBICHE DE ROBALO A LOS CÍTRICOS

PARA LOS CHILES:

8	chiles poblanos medianos, asados, sudados, desvenados

PARA EL CEBICHE DE ROBALO:

900	g [31½ oz] de robalo natural en filete sin piel, cortado en tiras finas de ½ cm por 2-3 cm [⅘ × 1⅕ in] de ancho
1	manojo de cebollín finamente picado
1½	cebollas moradas cortadas en sesgo, en rebanadas muy delgadas
½	taza de vinagre blanco
4	limones, su jugo
½	taza de jugo de naranja agria
½	taza de jugo de naranja dulce
½	taza de jugo de toronja
¼	taza de aceite de oliva
½	cucharadita de ralladura de los cítricos
1-1½	cucharadita de sal o al gusto
	Aceite de chile para decorar.
	Pimienta negra recién molida

PARA PREPARAR LOS CHILES:

Ase los chiles poblanos, súdelos en un trapo húmedo, páselos a un recipiente con agua y hielos durante 3 minutos, sáquelos y retíreles la piel, los chiles deberán estar verdes y crujientes. Haga una incisión por la mitad, ábralos, desvénelos y enjuáguelos.

PARA PREPARAR EL CEBICHE DE ROBALO:

Corte el robalo en tiritas y apártelo. En un bowl vierta los jugos de la naranja agria, de la naranja dulce, de la toronja y el vinagre. Sazone con sal y pimienta. Mézclelos con la ayuda de un globo; incorpore poco a poco el aceite de oliva; con una espátula añada el robalo, la cebolla morada y el cebollín. Rectifique la sazón.

VARIACIONES:

- Agregue en temporada jugo de mandarina.
- Haga el chile con camarones, con pulpo, calamares o trucha de mar o cazón pequeño o atún.
- Aceite de chile; muela 1 chile poblano crudo, 1 echalote con ¾ de taza de aceite de oliva, cuélelo y póngalo en una mamila.

NOTAS:

- Lave las verduras y los chiles con un cepillo o una esponja, después desinfecte por 15 minutos. Escurra y deje orear antes de utilizarlos en la receta.
- El robalo fresco deberá tener la carne firme, los ojos brillantes y las agallas rojas.
- Lave el pescado, escúrralo y séquelo.

PRESENTACIÓN:

En platos extendidos y fríos ponga en cada uno un chile abierto por mitad, encima coloque un molde de galleta de 6 cm [2⅖ in] de diámetro, rellénelo con el robalo a los cítricos, desmóldelo; dibuje líneas con el jugo de los cítricos y salpique con pimienta negra recién molida. Adorne con el aceite de chile poblano.

CHILAQUILES
VERDES

PARA LA SALSA:

6	tazas de agua
1¼	kg [2¾ lb] de miltomates verdes (se puede usar tomate amarillo de Toluca) sin cáscara
2	cebollas medianas, cortadas
8	dientes de ajo medianos, sin piel
15	chiles verdes serranos sin rabitos
60	ramitas de cilantro lavadas
½	cebolla cortada
2	dientes de ajo medianos, sin piel
4	chiles verdes serranos sin rabitos
1/3	taza de aceite vegetal
2	rebanadas de cebolla
½	cucharadita de azúcar
¾-1¼	cucharada de sal o al gusto

PARA LOS CHILAQUILES:

3	tazas de aceite vegetal
40	tortillas oreadas cortadas en triángulos Sal al gusto

PARA LA GUARNICIÓN:

¾	kg [26 oz] de requesón, queso idish, doble crema o queso fresco o combinados
1	cebolla mediana, finamente picada
1/3	taza de cilantro finamente picado
1/3	taza de epazote finamente picado
300	g [10½ oz] de queso Cotija o añejo finamente rallado
1½-2	tazas de crema natural

PARA PREPARAR LA SALSA:

En una cacerola ponga a calentar el agua y al romper el hervor, añada los miltomates, las cebollas, los dientes de ajo y los chiles. Cocine durante ½ hora y deje enfriar. Muela todo junto con el cilantro, la cebolla, los dientes de ajo y los 4 chiles restantes hasta formar una salsa tersa.

Precaliente una cacerola incorpore el aceite; añada las rebanadas de cebolla, dórelas. Sazone. Incorpore la salsa molida. Cocine durante 40 minutos añada el azúcar. Sazone nuevamente durante su cocción. Si la salsa espesa mucho agregue un poco de agua. Mantenga la salsa caliente.

PARA PREPARAR LAS TORTILLAS:

A fuego mediano precaliente una cacerola, agregue el aceite; fría poco a poco las tortillas y dórelas. Retírelas y salpíquelas con un poco de sal.

PRESENTACIÓN:

Caliente los platos hondos o un platón, ponga una cama de tortillas fritas; salséelas con la salsa hirviendo, ponga una capa del requesón, la cebolla, el cilantro, el epazote, la crema y el queso. Vuelva a poner una capa de tortillas y la guarnición. Termine con el queso y bastante crema. Sirva inmediatamente.

VARIACIONES:
- Hornee los chilaquiles en el horno precalentado.
- Utilice la salsa para hacer enchiladas.
- La salsa verde puede servir para la elaboración de tamales o acompañamiento de taquitos y quesadillas fritas.
- Sirva los chilaquiles como en la foto.

NOTAS:
- Lave las verduras y los chiles con un cepillo o una esponja, después desinfecte por 15 minutos. Escurra y deje orear antes de utilizarlos en la receta.
- Para preparar los chilaquiles utilice tortillas oreadas por 1 día, córtelas y tápelas con una servilleta.
- Prepare las tortillas según receta de "chilaquiles al chile guajillo".

CHILAQUILES
AL CHILE GUAJILLO

PARA LOS CHILAQUILES:

40   tortillas cortadas con la mano en trozos medianos, oreadas desde el día anterior y tostadas en el horno o comal, ligeramente barnizadas con agua y sal, o fritas

PARA LA SALSA:

1.200 kg [3 lb] de tomate verde o miltomate sin cáscaras asado
1½   cebolla mediana, asada
4-6   dientes de ajo medianos, sin piel, asados
4   tazas de agua
10   cucharadas de pasta de chile guajillo (ver pág. 80)
3   cucharaditas de pasta de chile chipotle (ver pág. 78)
½   cebolla mediana, cortada
6   cucharadas de aceite de maíz
3   rebanadas de cebolla
1½   cucharadas de azúcar
¾-1¼ cucharadas de sal o al gusto

PARA LA GUARNICIÓN:

1   taza de jocoque
1   cebolla morada grande, rebanada en sesgo, desflemada en agua con hielo durante 30 minutos
6   cucharadas de crema dulce
¾   taza de queso añejo rallado
3   cucharadas de perejil o cilantro limpio, finamente picado

PARA PREPARAR LOS CHILAQUILES:

Precaliente el horno a 350 °F-175 °C durante 40 minutos. Barnice las tortillas cortadas y oreadas con una mezcla de agua y sal. Hornéelas o tuéstelas sobre un comal hasta que estén crujientes o fríalas.

PARA PREPARAR LA SALSA:

Precaliente un comal, ase los tomates verdes o miltomates, la cebolla y los dientes de ajo. Cuide de no quemarlos. En una cacerola caliente el agua, añada los tomates verdes o miltomates y las verduras asadas. Cocine por 40 minutos. Deje enfriar y muela los ingredientes con las pastas de los chiles, la cebolla cortada y un poco del líquido de la cocción hasta que ob-

tenga una salsa tersa. Precaliente una cacerola, vierta el aceite y dore las rebanadas de cebolla, retírelas; incorpore la salsa molida. Sazone con el azúcar y poca sal. Continué la cocción por 15 minutos. Si espesa demasiado añada 2 ó 3 tazas del líquido donde se cocinaron los tomates verdes o el miltomate.

PRESENTACIÓN:

Sirva en platos hondos los chilaquiles con la salsa caliente, adorne con el jocoque, la cebolla morada, la crema, el queso añejo y el perejil o sírvalas como en la foto.

VARIACIONES:
- La salsa se podrá usar con huevos revueltos, estrellados con enchiladas o tacos dorados, con pastas, carne asada o pescado.
- Sirva los chilaquiles como en la foto.

NOTAS:
- Lave las verduras con un cepillo o una esponja, después desinfecte por 15 minutos. Escurra y deje orear antes de utilizarlas en la receta.
- Las tortillas deberán oler frescas, si huelen ácidas, no las utilice.
- Hay diferentes tamaños de tomates verdes, tomatillos o miltomates que son más pequeños y tienen un color morado.

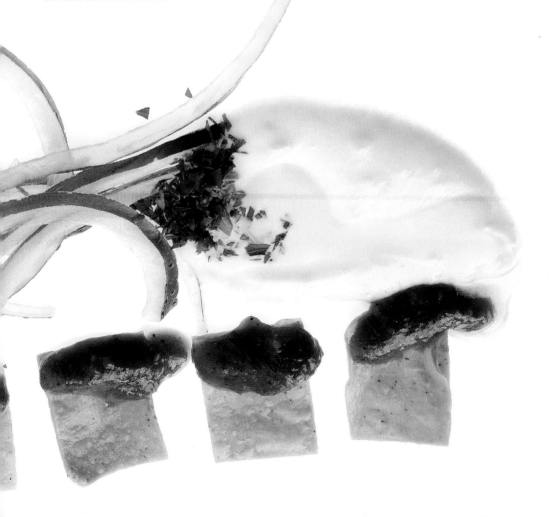

HUEVO
EN SALSA

PARA LA SALSA:

4	tazas de agua
6	jitomates guajillos grandes
1	cebolla de rabo mediana, cortada
3	dientes de ajo medianos, sin piel, partidos por la mitad
12-16	chiles serranos sin rabito, picados o cortados en trocitos
3-5	chiles jalapeños
2-2½	tazas de agua
⅓	taza de aceite vegetal o manteca
1½-2	cucharaditas de sal o al gusto

PARA LOS HUEVOS:

⅓	taza de aceite vegetal o manteca
6	huevos grandes, frescos
	Sal al gusto

PARA PREPARAR LA SALSA:

En un recipiente ponga el agua, deje que hierva. Incorpore los jitomates, cocínelos durante 8 minutos. Deje enfriar. Muela en la licuadora los jitomates, la cebolla, los ajos y los chiles picados. Vierta 2-2½ de tazas de agua donde se cocinaron y muela por tres minutos más.

Precaliente una cacerola mediana semigruesa durante 4 minutos; incorpore el aceite o manteca, dore una rebanada de cebolla. Sazone con sal. Vierta un poco de salsa, deje que se refría. Sazónela y añada otro poco de salsa. Cocine hasta que tome un color más oscuro y agregue el resto de la salsa. Continúe su cocción hasta que este semiespesa. Rectifique la sazón.

PARA PREPARAR LOS HUEVOS:

Precaliente una sartén honda sin grasa durante 5 minutos. Ponga en un recipiente los huevos, bátalos y sazónelos con un poco de sal hasta que queden bien mezclados. Vierta el aceite en la sartén, cuando este caliente incorpore los huevos batidos; con ayuda de una cuchara jale hacia adentro los huevos cuajados; después tome con la cuchara pequeñas porciones para voltearlos. Continué su cocción hasta que estén tiernos y esponjosos. Páselos a la salsa caliente y déjelos cocinando duran-

te unos 5-8 minutos. Si llegará a estar muy espeso agregue un poco de agua para que quede una salsa semiaguada. Vuelva a sazonar. Rectifique la sazón.

PRESENTACIÓN:

Sirva los huevos con salsa en platos hondos, acompáñelos con tortillas torteadas a mano y un buen café caliente de la región.

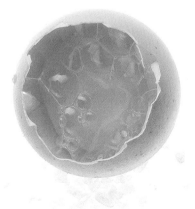

VARIACIONES:
- Muela todos los ingredientes en crudo para que la salsa tenga un sabor diferente. Siempre deberá quedar la salsa ligera y picosa.
- Utilice para esta receta 40 huevitos de codorniz.

NOTAS:
- Lave las verduras y los chiles con un cepillo o una esponja, después desinfecte por 15 minutos. Escurra y deje orear antes de utilizarlos en la receta.
- Los jitomates tendrán mejor sabor si se dejan fuera del refrigerador y cerca de una ventana para que maduren.

SOPA DE HABAS CON PASTA DE CHILE DE ÁRBOL

PARA LA SOPA:

12	tazas de agua
200	g [7 oz] de habas secas lavadas
¾	cebolla cortada en rebanadas gruesas
¾	cabeza de ajo partida
7	cebollitas de Cambray con rabo
½	poro limpio, cortado
2-4	cucharaditas de pasta de chile de árbol (ver pág. 77)
¾	manojo de cilantro mediano
1½-2	cucharadas de sal o al gusto

PARA LA GUARNICIÓN:

2	tazas de agua
¼	cebolla cortada en cuarterones
2	dientes de ajos grandes, sin piel
4	hojas de maíz
4	cáscaras de tomate
5	nopales cortados en cuadritos de ½ × 3½ cm [⅕ × 1⅖ in]
¼	taza de cilantro finamente picado
4	cucharaditas de pasta de chile de árbol o al gusto (ver pág. 77)
3	jitomates finamente picados
1-1½	cucharadita de sal o al gusto
	Aceite de oliva extravirgen al gusto

PARA PREPARAR LA SOPA:

Caliente el agua, cuando suelte el hervor añada las habas, la cebolla y los ajos. Cocine a fuego mediano hasta que empiecen a deshacerse. Sazone con un poco de sal. Incorpore las cebollitas de Cambray, el poro, la pasta de chile de árbol y el cilantro. Cocine hasta que las habas se deshagan y tomen la consistencia de una crema semiespesa o muela la sopa. Vuelva a sazonar cuando se agregue la guarnición. Rectifique la sazón.

PARA PREPARAR LA GUARNICIÓN:

En una cacerola caliente el agua; añada la sal, la cebolla, el ajo, las hojas de maíz, las cáscaras de tomate, cuando suelte el hervor incorpore los nopales. Cocine hasta que estén suaves. Aparte del fuego, cuélelos en una canasta de mimbre para que se les corte la baba. Retire la cebolla, los ajos y las hojas. Agregue parte de los nopales de la guarnición y la pasta de chile de árbol. Continúe la cocción. En caso que la sopa esté muy espesa añada un poco de caldo o agua. Rectifique la sazón.

PRESENTACIÓN:

En platos hondos calientes sirva la sopa semi-espesa hirviendo, al centro coloque el resto de los nopales y los jitomates, alrededor montoncitos de cilantro y pasta de chile de árbol. Rocíe con unas gotas de aceite de oliva.

VARIACIONES:
- Sirva la sopa caliente y adorne con el cilantro picado y el chile de árbol.
- Utilice también garbanzos y alverjón.

NOTAS:
- Lave las verduras con un cepillo o una esponja, después desinfecte por 15 minutos. Escurra y deje orear antes de utilizarlas en la receta.
- Remoje las habas durante 4 horas.

CHILE POBLANO RELLENO
DE CHICHARRÓN

PARA EL CHILE:

8	chiles poblanos medianos, lavados, asados, sudados, desvenados
1	taza de vinagre de manzana
½-⅓	taza de aceite de oliva extravirgen
	Sal y pimienta recién molida al gusto

PARA EL RELLENO:

4	cucharadas de aceite de oliva
3	dientes de ajo sin piel
½	cebolla grande, rallada
1	diente de ajo mediano, sin piel, molido
2	tazas de chicharrón rallado
½	cucharada de sal o al gusto

PARA LA SALSA DE JITOMATE:

7	chiles serranos sin rabito, picados
7	jitomates medianos, molidos
2	dientes de ajo medianos, sin piel
1	cebolla mediana, cortada
1	cucharada de consomé de pollo en polvo
½	cucharada de sal o al gusto

PARA PREPARAR LOS CHILES:

Lave y seque los chiles, áselos por todos los lados, póngalos a sudar envueltos en un trapo húmedo, o páselos en agua fría durante unos minutos para que queden crujientes y de color verde intenso.

En un recipiente mezcle el vinagre, la sal y la pimienta junto con el aceite. Pase los chiles desvenados a un refractario y báñelos por dentro con la vinagreta. Déjelos que se marinen, durante 15 minutos. Escúrralos antes de rellenarlos. Reserve la vinagreta.

Precaliente una cacerola, vierta el aceite; añada los ajos enteros, dórelos y retírelos; incorpore la cebolla rallada junto con el ajo molido y acitrónelos. Sazone con un poco de sal. Agregue el chicharrón y fríalo ligeramente hasta que quede chinito.

PARA PREPARAR LA SALSA DE JITOMATE:

En la licuadora licúe los chiles, el jitomate, los dientes de ajo y la cebolla hasta que estén molidos. Cuéle la salsa y viértala al chicharrón frito, sazone con un poco de consomé en polvo y la sal. Continúe cocinando a fuego mediano hasta que empiece a espesar. Vuelva a sazonar. Cocine hasta que espese y salga su grasita.

PRESENTACIÓN:

Retire los chiles de la vinagreta, escúrralos. Rellénelos con el chicharrón y córtelos en sesgo. Coloque en cada plato los chiles con la abertura hacia arriba y rebozados del relleno, salsee por un costado con unas gotas de la vinagreta. Sirva con tortillas tostadas.

VARIACIONES:
- Sirva el chicharrón en taquitos con tortillas recién hechas.
- Rellene aguacates y sírvalos junto con arroz rojo, blanco o verde.

NOTAS:
- Lave las verduras y los chiles con un cepillo o una esponja, después desinfecte por 15 minutos. Escurra y deje orear antes de utilizarlos en la receta.
- El chicharrón deberá ser delgado, cuando lo compre deberá estar crujiente.

FETTUCCINI
AL CHILE GUAJILLO

PARA LA SALSA:

50   g [2 oz] de mantequilla
2½   tazas de aceite de oliva extravirgen
¾   taza de dientes de ajos finamente
        picados
16   chiles guajillo lavados, desvenados,
        finamente rebanados
½   cucharadita de pimienta molida
1¼   cucharadas de sal o consomé de pollo en
        polvo o al gusto

PARA LA PASTA:

2   lt de agua
2   cucharadas de aceite de maíz
½   cebolla cortada a la mitad
600   g [21 oz] de fettuccini delgado
80   g [3 oz] de mantequilla cortada en
        pequeños trozos
1   cucharada de sal o consomé de pollo en
        polvo o al gusto

PARA LA GUARNICIÓN:

250   g [9 oz] de queso parmesano finamente
        rallado

PARA PREPARAR LA SALSA:

Precaliente una cacerola, agregue la mantequilla, el aceite de oliva y la sal con la pimienta negra; incorpore los ajos, cocínelos durante 3 minutos; añada los chiles, continúe la cocción moviendo constantemente hasta que los ajos estén dorados un poco y el chile este suave. Vuelva a sazonar con sal y pimienta negra molida.

PARA LA PASTA:

En una cacerola grande ponga a calentar el agua añada 2 cucharadas de aceite, la cebolla y la sal. Espere a que hierva a borbotones. Agregue la pasta y cocine por 8 minutos o hasta que esté al dente. Cuele el fettuccini en un colador, retire la cebolla y escúrralo. Añada un trozo de mantequilla.

PRESENTACIÓN:

Con ayuda de dos tenedores incorpore, poco a poco, el fettuccini a la salsa de chile guajillo preparado, con 2 tenedores arme 8 nidos, dándoles vuelta. Páselos a los platos calientes. Rocíe aceite con los ajos, adorne con el chile a lado, sirva sin queso o espolvoree el queso parmesano.

VARIACIONES:
- Pase el fettuccini a un platón y espolvoree con el queso. Sirva de inmediato.
- Utilice el chile guajillo preparado con el ajo para cocinar: pescado, hongos, pechugas de pollo, camarones y pulpo con calamares.

NOTAS:
- Para cocinar la pasta deberá estar el agua hirviendo. Escúrralo bien antes de servirla. La pasta comercial tardará más tiempo en su cocción que la pasta hecha en casa o a mano; ésta dependiendo el grosor tardará 3-4 minutos.
- Si la pasta se cocina con tiempo, póngala en agua hirviendo por unos minutos (al primer cocimiento tendrá que estar semicocida).
- Lave las verduras y los chiles con un cepillo o una esponja, después desinfecte por 15 minutos. Escurra y deje orear antes de utilizarlos en la receta.
- Los chiles secos se desinfectan sólo por 5 minutos, ya que pueden perder su aroma y consistencia.

CORBATITAS A LA INFUSIÓN
DE CHILE POBLANO
CON CUATRO QUESOS

🌶 PARA 8 PERSONAS

PARA LA INFUSIÓN DE CHILE POBLANO:

2	litros de agua caliente
½	pollo
4	alones
6	chiles poblanos asados, sin piel, desvenados
2	cebollas cortadas en cuarterones
8	echalotes cortados
1	poro limpio partido
½	apio cortado
2 a 3	zanahorias limpias, sin piel
1	cucharadita de sal o al gusto

PARA LA SALSA DE POBLANO:

8	chiles poblanos crudos, desvenados, picados
1	cebolla mediana, cortada
10	echalotes cortados
3	tazas de caldo de la infusión de pollo reducido a 1 taza
2	dientes de ajo sin piel
2	tazas de crema natural
1	taza de crema dulce
1	cucharadita de aceite de maíz
1	cucharadita de pimienta negra
¾-1½	cucharadas de sal o al gusto

PARA LAS CORBATITAS:

3	litros de agua
800-1	kg [1¾-2 lb] de corbatitas o lingüini
½	cebolla mediana cortada
2	ramas de tomillo frescas
2	hojas de laurel frescas
1	cucharada de aceite
1½	cucharada de sal de grano o al gusto
	Aceite de oliva extravirgen al gusto
	Mantequilla al gusto

PARA LA GUARNICIÓN:

300	g [10½ oz] de queso Cotija seco, rallado
200	g [7 oz] de queso parmesano rallado
100	g [3½ oz] de queso Zacatecas rallado
100	g [3½ oz] de queso asadero rallado
4	chiles poblanos, en crudo desvenados, finamente picados
	Mantequilla al gusto

PARA PREPARAR LA INFUSIÓN DE CHILE POBLANO:

En una cacerola grande ponga a calentar el agua, incorpore el medio pollo y los alones, agregue las cebollas, las echalotes, las verduras y los chiles poblanos. Sazone con la sal, cuide la cantidad, ya que el caldo deberá hervir durante 2 horas para que se reduzca a 4 tazas, aparte 1 taza para la salsa de poblano y el resto redúzcalo a 1 taza.

PARA PREPARAR LA SALSA DE CHILE POBLANO:

En la licuadora ponga los chiles, cortados junto con la cebolla, las echalotes, la infusión del caldo, los dientes de ajo y las cremas natural y dulce. Licúe la salsa 3-4 veces hasta que quede bien molida. Precaliente una cacerola, agregue el aceite, vacíe la salsa. Cocínela a fuego suave hasta que reduzca y tenga una consistencia espesa. Puede poner primero en el procesador los ingredientes y después pasar a la licuadora. Sazone con sal y pimienta. Antes de servir, añada unos trocitos de mantequilla y mantenga la salsa a baño María.

PARA PREPARAR LA PASTA:

En una olla grande ponga a hervir el agua, incorpore la sal junto con la cebolla y las hierbas de olor. Deje que hierva a borbotones; incorpore el aceite y la pasta, muévala para que no se pegue, puede cocinar la pasta en dos tantos. Si la pasta es fresca cocínela durante 2-3 minutos, si es seca 8-10 minutos hasta que este en su punto, al dente.
Cuele la pasta y escúrrala. Pásela de inmediato a la fuente donde se vaya a servir. Añada un poco de aceite y trocitos de mantequilla, para que no se pegue. Antes de servir mezcle una parte de la salsa a las corbatitas.

PRESENTACIÓN:

En cada plato caliente déje caer la pasta en un costado haciendo una figura, al otro lado haga un manchón con la salsa, encima un poco de los quesos rallados, hacia abajo los chiles poblanos picados en crudo. Sirva aparte en una salsera la salsa caliente y los quesos rallados.

VARIACIONES:
- Una vez que la pasta esté en la fuente de porcelana o de barro, báñela poco con la salsa e incorpore el queso y el chile en crudo. Adorne con más queso rallado. Antes del queso ponga un poco de aceite de oliva.
- Si desea se puede poner en la fuente, pasta, salsa de chile poblano, pasta, queso, salsa de chile poblano y queso. Sirva de inmediato.

NOTAS:
- Lave las verduras y los chiles con un cepillo o una esponja, después desinfecte por 15 minutos. Escurra y deje orear antes de utilizarlos en la receta.
- El pollo deberá tener su carne de color rosado, su piel brillante, firme con aroma fresco.
- La pasta de paquete tarda más tiempo de cocción que la pasta fresca, déjela al dente (que tenga consistencia).
- Lave el pollo, escúrralo y séquelo antes de utilizarlo en la receta.
- A fuego directo, con ayuda de unas pinzas, ase el pollo para quemar los restos de pluma, lávelo, escúrralo y séquelo antes de utilizarlo en la receta.

CHILORIO

PARA LA CARNE:

1   kg [2 lb] de espaldilla de puerco
    (sin hueso, pero con un poco de grasa)
    Agua
2   cucharadas de sal o al gusto

PARA LA SALSA:

5   chiles ancho lavados, desvenados,
    ligeramente asados
    Agua caliente (hasta cubrir la licuadora)
6   dientes de ajo sin piel

½   cucharadita de semillas de cilantro
½   cucharadita de comino seco
1   cucharadita de orégano seco
10 pimientas negras recién molidas
⅔   taza de vinagre de manzana o blanco
¾-1 taza de agua o al gusto
½-¾ taza de manteca
1½ cucharadita de sal

PARA LA GUARNICIÓN

24 tortillas de maíz medianas, recién
    hechas o tortillas de harina

PARA PREPARAR LA CARNE:

Corte la carne en cuadros de 1 cm [⅖ in]. En una cacerola ponga la carne, cúbrala con agua, agregue sal y hiérvala a fuego fuerte; una vez que suelte el hervor baje el fuego y continúe cocinando hasta que todo el líquido se evapore, rocíe con la manteca o el aceite, para que la carne suelte la grasa y quede muy suave.

Retire la carne de la cacerola póngala por partes en un molcajete y macháquela hasta que quede deshecha, o deshébrela con la ayuda de 2 tenedores o con la mano.

PARA PREPARAR LA SALSA:

Corte los chiles ancho por la mitad, retire las semillas, las venas, lávelos y escúrralos. En un comal caliente, ase los chiles de un lado y otro, aplástelos con la parte de atrás de la cuchara. Páselos a un recipiente de cristal, cúbralos con agua caliente durante 15 minutos; retírelos con una cuchara y muélalos en una licuadora o en un procesador con el resto de los ingredientes junto con el vinagre y el agua, si la salsa espesa mucho incorpore otro poco de agua. En una cacerola o cazuela agregue la ½ taza de manteca, caliéntela; incorpore la salsa molida; sazone con un poco de sal, añada la carne. Cocine todo durante 40 minutos o hasta que la salsa quede espesa y suba la grasa. Rectifique la sazón.

PRESENTACIÓN:

En tazones individuales ponga los moldes circulares de 6 cm [2⅖ in], moldee el chilorio caliente. Acompáñelo con tortillas recién hechas de maíz o de harina.

VARIACIONES:
- Sobre un platón sirva el chilorio y acompáñelo con tortillas de harina calientes o de maíz recién hechas para hacer los tacos.
- Haga gorditas de maíz y rellénelas con el chilorio.

NOTA:
- Lave la carne, escúrrala y séquela antes de utilizarla en la receta.
- La carne de puerco deberá tener un color rosado y estar muy fresca.
- Lave las verduras y los chiles con un cepillo o una esponja, después desinfecte por 15 minutos. Escurra y deje orear antes de utilizarlos en la receta.
- Los chiles secos se desinfectan sólo por 5 minutos, ya que pueden perder su aroma y consistencia.

POLLO AL AJO CON CHILE
GUAJILLO Y PIQUÍN

PARA EL ADOBO DE CHILE GUAJILLO CON PIQUÍN:

8	chiles guajillo limpios, desvenados, asados
6	chiles puya limpios, desvenados, asados
¾	taza de agua
1	taza de vinagre de manzana
¾	cabeza de ajo sin piel, asada
¾	cebolla mediana, asada
¼	taza de chile piquín asado
3	hojas de laurel frescas
½	taza de aceite de oliva extravirgen
½	taza de mantequilla derretida
½	cucharadita de pimienta gorda recién molida
½	cucharadita de pimienta negra recién molida
2	pollos medianos, enteros, limpios, remojados en agua con sal durante 40 minutos
1½-2	cucharadas de sal o al gusto

PARA PREPARAR EL ADOBO
DE CHILE GUAJILLO CON PIQUÍN:

Precaliente un comal, ase los chiles de un lado y de otro, aplástelos con la parte de atrás de la cuchara, sin llegar a que se quemen o amarguen y póngalos a remojar en el agua junto con el vinagre durante ½ hora. Mientras tanto ase la cabeza de ajo de un lado y otro al igual que la cebolla. En una sartén caliente, ase los chiles piquín hasta que tomen un color más oscuro, sin llegar a quemarlos.

Precaliente el horno a 350 °F-150 °C durante 1 hora.

Muela los chiles con el agua, donde se remojaron junto con los ajos, cebolla, el chile piquín, las hojas de laurel, el aceite y la mantequilla, la pimienta gorda, la pimienta negra y la sal. Forme una pasta, déjela reposar durante ½ hora. Mientras remoje los pollos en agua de sal durante ½ hora. Escúrralos y séquelos. Embarre con el chile preparado los pollos por dentro y por fuera levante la piel ligeramente de forma que queden bien adobados, engrase y doble las alitas hacia atrás, deténgalas con la misma piel del pollo.

Marínelos durante 45 minutos, colóquelos en la charola. Hornee durante 1 hora y 20 minutos-1 hora y 45 minutos, dependiendo del horno. Durante la cocción, bañe los pollos con el adobo restante y ponga ½ taza de agua en la charola, esto les dará humedad. Retire los pollos y déjelos reposar durante 15 minutos.

PRESENTACIÓN:

En un platón sirva los pollos enteros, córtelos en piezas y rebane la pechuga, acompañe con los frijoles de la olla y tortillas recién hechas.

VARIACIONES:
- Sirva el pollo con ensalada de lechugas con rabanitos y aguacate.
- Haga el mismo adobo con pollitos de leche, pichones o palomas.
- Sirva el pollo en taquitos o deshebrado para tortas.

NOTAS:
- Lave las verduras y los chiles con un cepillo o una esponja, después desinfecte por 15 minutos. Escurra y deje orear antes de utilizarlos en la receta.
- Los chiles secos se desinfectan sólo por 5 minutos, ya que pueden perder su aroma y consistencia.
- El pollo deberá tener su carne de color rosado, su piel brillante, firme con aroma fresco.
- Cuando el pollo está en su punto píquelo con el tenedor y los jugos deberán salir rosados.
- Lave el pollo, escúrralo y séquelo antes de utilizarlo en la receta.
- A fuego directo, con ayuda de unas pinzas, ase el pollo para quemar los restos de pluma, lávelo, escúrralo y séquelo antes de utilizarlo en la receta.

POLLO
AL CHILE MORITA

PARA LA MARINADA DEL POLLO:

4	pechugas enteras sin piel, partidas por la mitad
1½	cebollas moradas medianas, finamente picadas
½	taza de echalote finamente picada
10	chiles mora ligeramente tostados, lavados, finamente picados
½	taza de aceite de oliva extravirgen
1½	tazas de vino blanco
¾	cucharada de pimienta negra recién molida
¾	cucharada de sal o al gusto
⅓	taza de aceite de oliva ligero
80	g [3 oz] de mantequilla suave
80	g [3 oz] de mantequilla en trocitos

PARA LOS CAMOTES:

3	camotes amarillos medianos
	Aceite de maíz
1	cucharadita de pimienta al gusto
1	cucharadita de sal o al gusto

PARA LAS CALABACITAS:

8	calabacitas cortadas en el cortador chino en forma de hilo, o cortar tiras muy finas en mandolina
60	g [2 oz] de mantequilla cortada en trocitos
¼	taza de aceite de oliva extravirgen
	Sal al gusto

PARA PREPARAR LA MARINADA:

En un refractario coloque las pechugas y cúbralas con las cebollas, las echalotes y los chiles mora. Vierta el vino blanco junto con el aceite de oliva, sazone con la pimienta y la sal. Tápelas con plástico adherible o papel aluminio y refrigérelas durante toda la noche.

Precaliente una sartén durante 25 minutos, agregue la mantequilla y un poco de aceite. Ase las pechugas de un lado y otro de 3 a 4 minutos, retírelas y añada la marinada con un poco del caldo. Cocínelas. Continúe su cocción durante 15 minutos a fuego mediano. Retire las pechugas, manténgalas calientes y reduzca la salsa. Rectifique la sazón.

PARA PREPARAR LOS CAMOTES:

Precaliente el horno a 350 °F-175 °C durante 45 minutos. Lave los camotes, séquelos, embárrelos con aceite, salpíquelos con sal y pimienta. Envuelva los camotes con el papel aluminio, hornéelos durante 1½-2 hrs o hasta que se sientan cocidos. Retíreles la piel, córtelos de 1 cm de grosor y vuelva a envolverlos para que los mantenga calientes hasta el momento de servirlos.

PARA PREPARAR LAS CALABACITAS:

En un recipiente, caliente agua con sal y al soltar el hervor añada las calabacitas; cocínelas durante 30 segundos; páselas a una coladera; refrésquelas en agua con hielo por unos segundos y escúrralas. Antes de servir precaliente un wok, agregue la mantequilla y el aceite de oliva, saltee las calabacitas, sazónelas y cocínelas al dente, para conservar su color.

PRESENTACIÓN:

Corte las pechugas en sesgo en 3 partes, intercale los camotes en rebanadas, adorne con las calabacitas salteadas ligeramente, rocíe con la salsa.

VARIACIÓN:
- Coloque una pechuga en cada plato y bañe con la salsa. Adorne con 2 rebanadas de camote de un lado y la calabacita rallada del otro y encima. Sirva inmediatamente.

NOTAS:
- El pollo deberá tener su carne de color rosado, su piel brillante, firme con aroma fresco.
- Lave el pollo, escúrralo y séquelo antes de utilizarlo en la receta.
- A fuego directo, con ayuda de unas pinzas, ase el pollo para quemar los restos de pluma, lávelo, escúrralo y séquelo antes de utilizarlo en la receta.
- Lave las verduras y los chiles con un cepillo o una esponja, después desinfecte por 15 minutos. Escurra y deje orear antes de utilizarlos en la receta.

XOCOCHILE
AL GUAJILLO

PARA EL XOCOCHILE:

10	chiles guajillo desvenados, sin semillas, lavados, ligeramente asados
1	taza de agua
8	xoconostles limpios
3	dientes de ajo medianos, sin piel
1	cebolla mediana finamente picada
30	ramitas de cilantro finamente picadas
1	cucharada de sal o al gusto

PARA PREPARAR EL XOCOCHILE:

Precaliente un comal, ase los chiles ligeramente. Con la parte de atrás de la cuchara aplástelos, cuide que no se quemen y amarguen, remójelos en el agua durante 15 minutos. Ase los xoconostles por ambos lados con la piel, retire las semillas del centro. Muela en un molcajete o procesador los dientes de ajo junto con la sal. Agregue los chiles remojados y remuélalos junto con los xoconostles. Incorpore el agua donde se remojaron los chiles. Haga una salsa semiespesa. Vuelva a sazonar. Incorpore la cebolla y el cilantro.

PRESENTACIÓN:

Sirva la salsa en platitos con diversas formas. Al centro la salsa y en los de los costados las cebollas y el cilantro picado.

VARIACIONES:

- La salsa se podrá hacer con chile piquín asado, con morita asado; según el gusto o lo picante.
- En un molcajete sirva la salsa con la cebolla y el cilantro picado.
- Sírvala con frijoles refritos, con rebanadas de queso fresco o bien acompañe los taquitos de pollo, de carne, de pescado, de camarón, de pulpo, o con sopes o tostadas de pollo o de carne asada al carbón o antojitos.

NOTA:

- Lave las verduras y los chiles con un cepillo o una esponja, después desinfecte por 15 minutos. Escurra y deje orear antes de utilizarlos en la receta.
- Los chiles secos se desinfectan sólo por 5 minutos, ya que pueden perder su aroma y consistencia.

GUACAMOLE
VERDE

PARA EL GUACAMOLE:

6	aguacates medianos, maduros
¾	cebolla mediana, finamente picada
10	cebollitas de Cambray finamente picadas
8	rabos de cebollitas finamente picados
4	cucharadas de cebollín finamente picado
4-5	chiles serranos finamente picados
¼	taza de jugo de limón
½	taza de cilantro finamente picado
¼	taza de perejil o hierbabuena
10	tomates verdes crudos, molidos
½-¾	cucharada de sal o al gusto

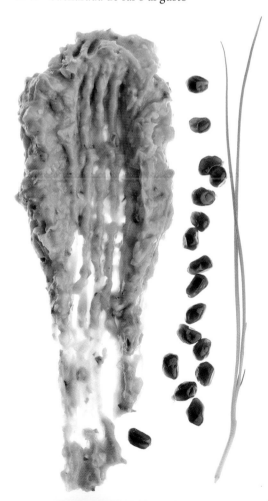

PARA LA PRESENTACION:

2   granadas maduras, desgranadas

PARA PREPARAR EL GUACAMOLE:

Parta por la mitad los aguacates, retíreles los huesos con un cuchillo, apártelos. Con una cuchara grande extraiga la pulpa de los aguacates, píquela con un cuchillo hasta formar un puré. Mezcle con la cebolla, los rabos, el cebollín, los chiles, el jugo de limón, el cilantro, el perejil y la sal con el cuchillo hasta dejar hecho un puré.

PRESENTACIÓN:

Si prepara con anticipación el puré, deje los huesos en él, a la hora de servir retírelos. Adorne con el cebollín, el cilantro y la granada.

VARIACIONES:
- Acompañe los tacos dorados con el guacamole.
- Sirva con arroz, trozos de chicharrón rallado y tortillas.
- Agregue al guacamole ½ taza de aceite de oliva y ¼ taza de jugo de limón.
- Agregue quesos frescos rallados.
- Rellene chiles poblanos con el guacamole, póngalos en una cama de lechuga, báñelos con crema y cebolla rallada.

NOTAS:
- Lave las verduras y los chiles con un cepillo o una esponja, después desinfecte por 15 minutos. Escurra y deje orear antes de utilizarlos en la receta.
- Los aguacates tienen que estar maduros, con una consistencia firme.
- Compre aguacates verdes con 3-4 días de anticipación, cuando estén maduros refrigérelos.

QUESADILLA
DE HONGOS

PARA LA QUESADILLA DE HONGOS:

⅓	taza de aceite de oliva ligero
2	cebollas medianas, fileteadas
2	dientes de ajo medianos, sin piel
7	chiles serranos cortados en tiritas
400	g [14 oz] de setas o yemas en temporada limpias, finamente rebanadas
300	g [10½ oz] de hongos pambazos rebanados
200	g [7 oz] de morillas limpias, rebanadas
½	taza de epazote finamente picado
2	ramas de epazote frescas
½	cucharaditas de sal de grano o al gusto

PARA LA MASA

16	tortillas por ½ kg [17½ oz] de masa, amasada con un poco de agua
1	chile ancho desvenado, remojado, molido

PARA PREPARAR LAS QUESADILLAS:

Precaliente una cacerola o una sartén grande e incorpore el aceite con unos granos de sal; añada las cebollas y saltéelas hasta que estén ligeramente transparentes. Sazone nuevamente, agregue los ajos y los chiles. Cocine hasta que los chiles estén crujientes y verdes. Añada los hongos y la mitad del epazote. Continúe su cocción a fuego mediano. Vuelva a sazonar, agregue las ramas de epazote. Cocine hasta que empiecen a espesar y añada el resto del epazote y la sal.

PARA PREPARAR LA MASA:

Precaliente un comal durante 20 minutos a fuego mediano. En un recipiente ponga la masa, salpique con un poco de agua, amásela por 5 minutos, agregue el chile molido para teñir la masa y siga amasándola por 3 minutos. Prepare una máquina para hacer tortillas, corte 2 plásticos delgados en forma de círculo, abra la máquina de tortillas, de un lado ponga uno de los plásticos, forme bolitas de 10 gramos, coloque una sobre el plástico y cúbrala con el

otro, cierre y presione con la tortilladora ligeramente en forma de zig-zag. Ábrala, retire el
plástico, moje ligeramente una servilleta en
aceite o ponga spray de aceite en el comal y es-
párzalo con una servilleta hacia afuera. Humedezca las manos y retire el otro plástico, deje
caer la tortilla de adentro hacia afuera, coloque
la tortilla cuando se empardezca, voltéela con
los dedos o con una espátula, cocínela hasta
que se cueza y vuelva a voltearla para que se
esponje. Rellene hasta el momento de servir

PRESENTACION:

En cada plato sirva de 2-3 quesadillas de hongos semiabiertas.

VARIACIÓN:

• Coloque los hongos en cazuelitas
individuales y acompañe con arroz a la
mexicana y tortillas recién hechas.

NOTAS:

• Lave las verduras y los chiles con un cepillo
o una esponja, después desinfecte por
15 minutos. Escurra y deje orear antes de
utilizarlos en la receta.
• Lave los hongos en agua con harina, así se
les corta la tierra.

CHILE ANCHO RELLENO
DE SALPICÓN DE ATÚN
CON SALSA DE AGUACATE

PARA LOS CHILES:

8   chiles ancho medianos, desvenados
1   taza de agua
½   taza de vinagre de barril
4   cucharadas de aceite de maíz
1½ cucharaditas de sal o al gusto

PARA EL RELLENO:

4   latas grandes de 115 g [4 oz] de atún importado, desmenuzado ó 4 rebanadas de 150 g [5 oz] de atún fresco, cocido en agua con sal, cebolla, ajo y hierbas de olor durante 5 minutos
¾   cebolla mediana finamente picada
½   taza de cilantro finamente picado
6   chiles serranos finamente picados
½   taza de vinagre blanco
⅓   taza de aceite de oliva
½   cucharadita de pimienta negra, recién molida
1   cucharadita de sal o al gusto

PARA LA SALSA DE AGUACATE:

2   aguacates grandes maduros, partidos por mitad
5   tomates verdes medianos, sin cáscaras, cocidos en poca agua
3   chiles serranos sin rabito, picados
1   cebolla mediana, cortada en cuarterones
2   dientes de ajo sin piel
4   cucharadas de queso crema
¼   calabacita cruda
¼   cucharadita de pimienta negra recién molida
1½ cucharadita de sal o al gusto

PARA LA GUARNICIÓN:

⅓   taza de cilantro rebanado muy delgado
⅓   taza de cebolla finamente picada
1   chile serrano finamente picado

PARA PREPARAR LOS CHILES:

Haga a los chiles una pequeña incisión, desvénelos, lávelos y escúrralos.
En un recipiente ponga el agua, el vinagre, la sal y el aceite. Incorpore los chiles y déjelos marinar por 1 hora. Escúrralos.

PARA PREPARAR EL RELLENO:

En un recipiente mezcle la cebolla, el cilantro, los chiles, el vinagre, el aceite, al último momento el atún. Sazone con pimienta y sal. Rellene los chiles y colóquelos sobre un platón hacia arriba.

PARA PREPARAR LA SALSA:

En la licuadora mezcle perfectamente el aguacate, los tomates verdes, los chiles, la cebolla, los ajos, el queso, la calabacita, la pimienta y la sal. Rectifique la sazón.

PRESENTACIÓN:

En cada plato ponga 4 cucharadas de la salsa de aguacate, y con la misma cuchara raspe en el centro y jale la salsa de aguacate, dejando espacios sin la salsa; coloque al centro de la salsa el chile ancho hacia arriba ya relleno con el atún preparado. Sírvalo con o sin el cilantro, cebolla y chile serrano picado.

VARIACIONES:

- Acomode los chiles rellenos sobre un platón, báñelos con la salsa de aguacate. Sírvalos fríos. Acompañe con tostadas o tortillas recién hechas.
- Puede hacer los chiles rellenos con atún guisado con:

  aceite de oliva, cebolla finamente picada, chiles verdes finamente picados, taza de cilantro finamente picado, y jitomate, una lata grande de 450 g [15 oz] de atún ó 4 rebanadas de 150 g [5 oz] de atún fresco, y sal.

- Precaliente una sartén, añada el aceite, incorpore la cebolla y deje que se acitrone, agregue los chiles y el cilantro; cocine durante 2 ó 3 minutos, añada el atún; sazónelo. Continúe su cocción hasta que se deshaga y quede una pastita. Deje enfriar y rellene los chiles. Báñelos con la salsa de aguacate.
- Agregue al guacamole hierbabuena o pápalo.

NOTAS:

- Lave las verduras y los chiles con un cepillo o una esponja, después desinfecte por 15 minutos. Escurra y deje orear antes de utilizarlos en la receta.
- Los chiles secos se desinfectan sólo por 5 minutos, ya que pueden perder su aroma y consistencia.
- El cilantro deberá escurrirse y secar para picarlo.
- Si utiliza atún fresco deberá estar muy rojo de su piel, con textura firme y con olor a mar.
- Al comprar las latas revisar que no estén golpeadas, ni abolladas y sin abultamientos para evitar contraer botulismo. Verificar su caducidad.

PASTA
DE CHILE ANCHO

PARA EL ADOBO EN CHILE ANCHO:

250	g [9 oz] de chile ancho limpio, desvenado, asado
2	tazas de consomé de pollo desgrasado
1	taza de agua
1⅓	tazas de vinagre de manzana o blanco
1½	cebollas medianas, cortadas
3	dientes de ajo medianos, sin piel, asados
1	cucharadita de comino asado
½	cebolla pequeña, cortada en rebanadas
2	diente de ajo mediano, sin piel
10	ramitas de tomillo frescas
6	hojas de laurel frescas
½	cucharada de pimienta negra entera
½	cucharadita de comino entero
125	g [4 oz] de piloncillo rallado
2	tazas de aceite de oliva extravirgen
1½	cucharadas de sal o al gusto

PARA PREPARAR EL ADOBO:

Abra los chiles por un costado, desvénelos, lávelos con un cepillo, escúrralos y séquelos. Ponga a calentar un comal semigrueso; ase los chiles de un lado y otro, aplástelos con la parte de atrás de una cuchara para que tengan un asado parejo, voltéelos con la ayuda de unas pinzas, áselos hasta que estén semi-crujientes, tenga cuidado de que no se quemen. Retírelos. Páselos a un recipiente junto con 1 taza del caldo, el agua, el vinagre, remójelos durante 20 minutos. Ase en el mismo comal la cebolla y los 3 dientes de ajo por ambos lados.

En un procesador o licuadora muela los chiles remojados con la cebolla, el ajo y el comino asado y el resto de los ingredientes crudos. Remuela con el líquido en que se remojaron los chiles y continúe moliendo el adobo hasta que tenga la consistencia de un puré.

Precaliente una cacerola, vierta el aceite y agregue un poco de sal; añada la cebolla y fríala hasta que dore; vierta la pasta de chile ancho. Sazone y agregue el piloncillo. Cocine a fuego mediano hasta que se espese y se vea el fondo de la cacerola, la pasta de chile ancho deberá quedar muy espesa. Vuelva a sazonar.

PRESENTACIÓN:

Envase la pasta de chile ancho en frascos esterilizados y etiquetados.

VARIACIÓN:
- Use la pasta de chile ancho para adobar o marinar carnes, pescados, mariscos o para agregar al arroz, a frijoles refritos, a pastas o a caldos.

NOTAS:
- Lave las verduras y los chiles con un cepillo o una esponja, después desinfecte por 15 minutos. Escurra y deje orear antes de utilizarlos en la receta.
- Coloque los frascos limpios en una cacerola, cúbralos con agua y hiérvalos durante 45 minutos. Envase la pasta de los chiles, cierre los frascos sin apretar las tapas. Cocínelos sobre una rejilla en un recipiente con agua, ésta no deberá rebasar la mitad de la altura del frasco para evitar que se meta el líquido. Hiérvalos a fuego mediano durante 1 hora para crear un sellado al vacío. Déjelos enfriar; retírelos y apriete bien las tapas. Almacene los frascos en un lugar oscuro y fresco para que el color se mantenga.

PASTA
DE CHILE DE ÁRBOL

PARA 8 PERSONAS

PARA LA PASTA DE CHILE DE ÁRBOL:

100	g [3½ oz] de chile de árbol sin rabitos, limpios, asados
20	dientes de ajo medianos, sin piel, asados
1	cucharadita de pimienta negra recién molida
3½	tazas de aceite de oliva extravirgen
¾	de cucharada de sal de grano o al gusto

PARA PREPARAR
LA PASTA DE CHILE DE ÁRBOL:

Precaliente una sartén, ase los chiles de ambos lados. Con un atomizador mójelos hasta que se tuesten sin quemarlos. Retírelos y muélalos junto con el ajo, la pimienta, la sal de grano y el aceite. Precaliente una cacerola y refría la pasta de chile hasta que esté espesa. Rectifique la sazón. Enfríela, si la guarda en el refrigerador.

PRESENTACIÓN:

Envase la pasta de chile de árbol en frascos esterilizados y etiquetados.

VARIACIONES:

- Esta pasta es muy picante, así que tome ½ cucharadita para aderezar carne, pollo o frijoles.
- Utilice la pasta de chile de árbol para dar ligeros toques a caldos o sopas.
- Emplee esta pasta para salsas preparadas con tomates o jitomates, cebollas y ajos para dar un sabor muy picante.
- Use esta pasta de chile como base de comida tailandesa, la cuál permite un ligero toque picante.
- La pasta de chile de árbol también sirve para dar un toque a platillos guisados con verduras tales como flor de calabaza, elotes, calabacitas, ejotes, nopalitos, cuitlacoche, etc.
- Agregue esta pasta a los huevos revueltos.
- Incorpore la pasta de chile de árbol a la masa para tamales ó al relleno junto jitomate molido para darle sabor a los tamales.

NOTAS:

- Esterilice los frascos y envase al alto vacío (ver pág. 76).
- Lave las verduras y los chiles con un cepillo o una esponja, después desinfecte por 15 minutos. Escurra y deje orear antes de utilizarlos en la receta.
- Los chiles secos se desinfectan sólo por 5 minutos, ya que pueden perder su aroma y consistencia.

PASTA
DE CHILE CHIPOTLE

PARA LA PASTA DE CHILE CHIPOTLE:

(Rinde de 2 a 3 tazas)

200	g [7 oz] de chiles chipotle mora limpios, asados
1½-2	tazas de aceite de oliva
3	tazas de agua
3	cucharadas de sal gruesa
1½	tazas de vinagre de manzana o de yema
1½	tazas de agua
80	g [3 oz] de piloncillo rebanado o al gusto
1	cabeza de ajo sin piel, asada
½	cebolla mediana, asada
½	raja de canela ligeramente asada
8	ramitas de tomillo frescas
8	ramitas de mejorana frescas
1	hoja de laurel fresca
½	cucharadita de comino asado
½	cucharadita de semillas de cilantro ligeramente asadas
1½	cucharada de sal o al gusto

PARA PREPARAR LA PASTA:

Lave los chiles chipotle mora, corte por un lado, retire las semillas y enjuáguelos; remójelos durante 2 horas en agua con sal de grano y escúrralos. Precaliente una sartén, ase los chiles por ambos lados; rocíelos con un poco de aceite y deje que se aromaticen; en un recipiente remójelos en el vinagre con agua. Hiérvalos durante 20 minutos con el piloncillo. Muélalos con los ajos y la cebolla asados; añada las hierbas de olor y el resto de las especias. Remuela todo hasta que se haga una pasta tersa.

Precaliente una cacerola, vierta el aceite, sazone con sal, fría la pasta. Cocínela a fuego lento, hasta que se vea el fondo del cazo y quede muy espesa. Retire y déjela enfriar. Refrigérela o envásela caliente en frascos esterilizados.

PRESENTACIÓN:

Envase la pasta de chile chipotle en frascos esterilizados y etiquetados.

VARIACIONES:
- Ponga en una salsera la salsa y mayonesa; sirva con camarones cocidos al vapor o con totopos.
- Se puede preparar esta pasta de chile chipotle combinando el chile chipotle meco y el morita.
- Elabore una vinagreta, con ½ taza de pasta de chile chipotle, ½ taza de vinagre y ½ taza de aceite de oliva, mezcle perfectamente y utilícela para marinar pechugas de pollo, filetes de pescado, camarones capeados, surimi deshebrado y todo tipo de mariscos; así como con verduras capeadas o frescas.
- Agregue 2 cucharaditas de pasta de chile chipotle a ½ kilo de masa de maíz en la elaboración de tortillas, quesadillas, tamales o sopecitos, para dar color y sabor diferente.
- Utilice una cucharadita de pasta de chile chipotle como condimento en la elaboración de caldo para sopas.
- Emplee 1 o 2 cucharadas de esta pasta para la preparación de escabeches para camarones o cualquier otro tipo de carne.
- Utilice de una a dos cucharaditas de esta pasta para aderezar carnes molidas (pollo o res), en la elaboración de albóndigas y hamburguesas o pacholas (bisteces molidos).
- La pasta de chile chipotle también sirve para dar un toque a platillos preparados con verduras tales como flor de calabaza, elotes, calabacitas, ejotes, nopalitos, cuitlacoche, etc.
- Combine la pasta de chile chipotle con otras pastas de chile para realzar los sabores de salsas o guisados.
- Mezcle 2 cucharadas de pasta de chile chipotle y 2 tazas de mayonesa, o cualquier otro aderezo de su elección.
- Tome una a dos cucharadas de la pasta de chipotle y agréguela a cualquier guisado.
- Agregue una o dos cucharaditas de esta pasta a un queso de cabra y vuelva a moldearlo.
- Incorpore una o dos cucharaditas de pasta de chile chipotle a los frijoles caldosos o refritos
- Añada dos cucharadas de esta pasta a 2 tazas de agua, ½ kilo de tomate verde, ½ cebolla, 2 dientes de ajo. Hierva todo y muela en el molcajete o procesador. Sazone. Acompañe con esta salsa a los taquitos dorados.

NOTAS:
- El chile chipotle es un chile seco, ahumado, de color rojizo oscuro, arrugado, aromático y picoso.
- Lave las verduras y los chiles con un cepillo o una esponja, después desinfecte por 15 minutos. Escurra y deje orear antes de utilizarlos en la receta.
- Los chiles secos se desinfectan sólo por 5 minutos, ya que pueden perder su aroma y consistencia.
- Caliente un comal a fuego mediano, ase los ajos y las cebollas, voltéelos con la ayuda de unas pinzas hasta que se caramelicen.
- Coloque frascos limpios en una cacerola, cúbralos con agua y hiérvalos durante 45 minutos. Envase la pasta de los chiles, cierre los frascos sin apretar las tapas. Cocínelos sobre una rejilla en un recipiente con agua, ésta no deberá rebasar la mitad de la altura del frasco para evitar que se meta el líquido. Hiérvalos a fuego mediano durante 1 hora para crear un sellado al vacío. Déjelos enfriar; retírelos y apriete bien las tapas. Almacene los frascos en un lugar oscuro y fresco para que el color se mantenga.

PASTA
DE CHILE GUAJILLO

PARA LA PASTA DE CHILE:

200	g [7 oz] de chile guajillo limpio, desvenado, asado
½	cebolla mediana, rebanada, asada
5-6	dientes de ajo sin piel, asados
¾	taza de agua caliente
1⅓	taza de vinagre de barril
1⅓	taza de consomé de pollo desgrasado
1½	cucharadita de pimienta negra asada, recién molida
1½	cucharadita de orégano seco
6	ramitas de mejorana frescas
5	hojas de laurel medianas, frescas

PARA FREIR LA SALSA:

1½-2	taza de aceite de oliva extravirgen
1	cebolla mediana, rebanada
80	g [3 oz] de piloncillo oscuro rebanado
¾-1½	cucharadas de sal o al gusto

PARA PREPARAR LA PASTA DE CHILE:

Precaliente un comal, ase los chiles guajillo, de un lado y otro, con la parte de atrás de una cuchara aplástelos hasta que estén ligeramente tostados, sin llegar a quemarlos; ase la media cebolla rebanada y los ajos de un lado y otro hasta que tomen un color dorado. En un recipiente ponga los chiles asados junto con el agua caliente y el vinagre, remójelos durante 20 minutos. Muélalos con la cebolla, los dientes de ajo asados, un poco del líquido donde se remojaron con el consomé de pollo; agregue la pimienta negra, el orégano y las hojas de laurel. Muélalos hasta que quede una pasta.

Precaliente una cacerola, vierta el aceite, incorpore la cebolla y dórela. Sazone con un poco de sal. Retire la cebolla, muélala con un poco del chile molido; agréguela a la pasta. Vuelva a sazonar. Incorpore el piloncillo. Continúe cocinando hasta obtener una pasta. Rectifique la sazón.

PRESENTACIÓN:

Envase la pasta de chile guajillo en frascos esterilizados y etiquetados.

VARIACIONES:

- El chile guajillo es un chile seco y es parecido al puya o colmillo de elefante, es un chile alargado, puntiagudo, picante, de piel suave y color café rojizo, de cáscara tersa y dura.
- Combine esta pasta con caldos reducidos, dejándola muy espesa y empléela para la elaboración de platillos al ajillo.
- Utilice esta pasta como base para dar sabor a los caldos de pescado, pollo, res o ternera dando un ligero toque rojizo y con sabor a chile guajillo.
- En la elaboración del pozole jalisciense use esta pasta como base en el caldo.
- Agregue esta pasta a las masas para la elaboración de tortillas para quesadillas, para tamales, sopecitos, para dar color y sabor diferente.
- Combine esta pasta con quesos ligeros y cremosos para acompañar spaghetti, tallarines, coditos y cualquier pasta seca de su elección.
- Emplee la pasta de guajillo en la elaboración de salsas combinadas con tomate verde, miltomate o jitomates, ajos y chiles.
- Emplee la pasta de guajillo diluida en caldo para elaborar; carnes, pescados, mariscos o pollo horneados. Utilícelo para adobar aves, pescados, mariscos y carnes o para hacer barbacoas.
- Combine la pasta de chile guajillo con otras pastas de chile para realzar los sabores de salsas o guisados.
- Sazone con esta pasta mayonesas o cualquier otro aderezo de su elección.

- La pasta también sirve para dar un toque a platillos guisados con verduras tales como flor de calabaza, elotes, calabacitas, ejotes, nopalitos, cuitlacoche, etc.
- Sirva la pasta con frijoles, lentejas, con cebolla y nopales.

NOTA:

- Lave las verduras y los chiles con un cepillo o una esponja, después desinfecte por 15 minutos. Escurra y deje orear antes de utilizarlos en la receta.
- Coloque frascos limpios en una cacerola, cúbralos con agua y hiérvalos durante 45 minutos. Envase la pasta de los chiles, cierre los frascos sin apretar las tapas. Cocínelos sobre una rejilla en un recipiente con agua, ésta no deberá rebasar la mitad de la altura del frasco para evitar que se meta el líquido. Hiérvalos a fuego mediano durante 1 hora para crear un sellado al vacío. Déjelos enfriar; retírelos y apriete bien las tapas. Almacene los frascos en un lugar oscuro y fresco para que el color se mantenga.

CAMARÓN EN INFUSIÓN DE ACEITE DE OLIVA CON CHILE CASCABEL Y GUAJILLO

PARA LOS CAMARONES:

32   camarones U 12 limpios desvenados

PARA LA MARINADA:

6   chiles cascabel limpios, desvenados, asados ligeramente y molidos
3   dientes de ajo medianos, sin piel, molidos
½   cebolla mediana, molida
¾   taza de aceite de oliva extravirgen
¾   cucharada de pimienta negra recién molida
1   cucharadita de consomé de pollo en polvo o al gusto
¾   cucharada de sal o al gusto

PARA EL ACEITE DE GUAJILLO:

1   taza de aceite de oliva extravirgen o ligero
12   dientes de ajo sin piel
10   chiles guajillo limpios, desvenados, cortados en tiritas delgadas
½-¾   cucharada de sal o al gusto

PARA PREPARAR LOS CAMARONES:

Retíreles la caparazón, límpielos, lávelos, escúrralos y manténgalos sobre hielo.

PARAR PREPARAR LA MARINADA:

Precaliente la sartén y ase los chiles ligeramente por ambos lados; póngalos en la licuadora y muélalos junto con los dientes de ajo, la cebolla, el aceite de oliva, la pimienta, el consomé en polvo y la sal. Remuela todo bien. Retire los camarones del refrigerador y páselos a un recipiente profundo; báñelos con la marinada, déjelos reposar y refrigérelos durante 40 minutos.

PARA PREPARAR EL ACEITE DE GUAJILLO:

Precaliente una cacerola, vierta el aceite; añada la sal y los ajos, cocínelos hasta que se doren, sin amargarse. Retírelos de inmediato. Agregue los chiles guajillo y sofríalos a fuego mediano hasta que empiecen a soltar su color (los chiles deben quedar suaves, no crujientes).

PRESENTACIÓN:

Antes de servir precaliente una sartén, añada el aceite, agregue un poco de la marinada, cocine los camarones durante 3-4 minutos por ambos lados, báñelos con aceite hasta que se esponjen sin resecarlos. Vuelva a sazonarlos. Sirva 1-2 camarones en recipientes en forma de cuchara. Recubra los camarones con el aceite hirviendo, los ajos y el chile guajillo y sírvalos de inmediato.

VARIACIONES:

- Mantenga los camarones calientes a baño María a fuego muy lento por 3 minutos.
- Sirva los camarones con gotas de limón.
- Acompañe con pasta de arroz al vapor o puré de papa.
- Sirva el aceite, con el ajo y el chile para acompañar pescados o pechugas.

NOTAS:

- Cuando compre los camarones, deberá cuidar que la carne esté firme, que su cáscara no se desprenda y que tenga olor a mar, manténgalos sobre hielo, refrigérelos hasta antes de utilizarlos.
- Lave las verduras y los chiles con un cepillo o una esponja, después desinfecte por 15 minutos. Escurra y deje orear antes de utilizarlos en la receta.

TACOS DORADOS DE TEXCOCO
ESTILO FLOREN

PARA LAS PECHUGAS:

4	tazas agua
2	pechugas enteras con hueso, lavadas
1	cebolla grande, cortada en cuarterones
½	poro partido por mitad
6	dientes de ajo medianos, sin piel
½	cucharada de sal gruesa o al gusto

PARA EL RELLENO:

1	cebolla grande, cortada por la mitad en sesgo, en rebanadas muy delgadas
3	chiles jalapeños cortados a lo largo en tiritas delgadas
1	cucharadita de pimienta negra recién molida
1½	cucharaditas de sal o al gusto
24	tortillas muy delgadas
24	palillos
4	tazas de aceite de maíz o girasol
	Sal al gusto

PARA LA GUARNICIÓN:

1	taza de crema natural
	Guacamole (ver receta pág. 71)
½	lechuga romana cortada finamente, lavada, escurrida y refrigerada

PARA PREPARAR LAS PECHUGAS:

En una cacerola ponga el agua a calentar con la mitad de la sal; agregue las pechugas con la carne; añada la cebolla, el poro, los dientes de ajo y el resto de la sal. Cocine a fuego mediano las pechugas durante 20 minutos. Continúe su cocción volteándolas con el hueso hacia abajo durante 20 minutos más. Retire del fuego. Déjelas enfriar en el caldo, cuando estén frías, escúrralas y desmenúcelas.

PARA PREPARAR EL RELLENO:

Precaliente el horno a 350 °F–175 °C durante 40 minutos.

En un recipiente ponga las pechugas desmenuzadas y combínelas con la cebolla y las tiritas de los chiles jalapeños. Sazone con la pimienta y la sal, revuelva bien. Precaliente una sartén a fuego mediano, agregue el aceite y cuando empiecen a hervir introduzca de una en una las tortillas, solamente sumérjalas en el aceite, retírelas y escúrralas sobre una plato con papel servilleta; coloque una porción del pollo preparado en un extremo de cada tortilla, enróllelas de adentro hacia afuera para que los tacos queden gorditos y bien apretados, deténgalos con dos palillos. Precaliente una sartén profunda, agregue el aceite; fría de cuatro en cuatro los tacos, bañándolos, con el aceite bien caliente hasta dorarlos, retírelos y escúrralos sobre el papel servilleta. Antes de servir colóquelos en una charola para horno, hornéelos durante 5-10 minutos para que estén bien calientes y dorados.

PRESENTACIÓN:

En platos individuales calientes, coloque dos tacos enteros, salpíquelos con sal, encima coloque un taco cortado por la mitad en diagonal; forme una línea con el guacamole por un costado y por el otro marque una línea con la crema; en la parte de atrás ponga una porción de lechuga.

VARIACIONES:

- En un platón caliente coloque los tacos, salpíquelos con sal, báñelos con la crema, encima ponga el guacamole y adorne con la lechuga.
- Agregue al relleno del pollo queso Chihuahua o Pijijiapan.
- Agregue chiles poblanos, asados y en rajitas.
- Bañe con caldillo de jitomate, ajo y cebolla, sírvalos con la crema.
- Corte los tacos en forma diagonal encima ponga el guacamole, agregue la crema y adorne con la lechuga.

NOTAS:

- Lave las verduras y los chiles con un cepillo o una esponja, después desinfecte por 15 minutos. Escurra y deje orear antes de utilizarlos en la receta.
- Lave el pollo, escúrralo y séquelo antes de utilizarlo en la receta.
- Las tortillas deben ser muy delgadas y los tacos deberán quedar crujientes.
- Utilice las tortillas recién hechas y calientes sin freír para calentar en el comal y sírvalos como los anteriores.

CONCHAS DE JAIBA
MAMA NENA

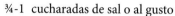 PARA 8 PERSONAS

PARA LA JAIBA:

½ taza de aceite de oliva o de maíz
6 dientes de ajo grandes, sin piel, enteros
8 dientes de ajo chicos, sin piel, finamente picados
2 cebollas medianas, finamente picadas
4 chiles serranos finamente picados
8 jitomates grandes, maduros, molidos
900 g [31½ oz] de jaiba fresca, limpia
1 taza de perejil finamente picado
1 taza de aceitunas finamente picadas
¾-1 cucharadas de sal o al gusto

PARA LA GUARNICIÓN:

Aceite de oliva extravirgen
⅓ taza de perejil finamente picado
8 conchas para pescado engrasadas con mantequilla
Sal de grano

PARA LA VARIACIÓN:

¾ taza de pan molido
Aceite de oliva extravirgen
3 cucharadas de mantequilla a temperatura ambiente

PARA PREPARAR LAS JAIBAS:

Precaliente una cazuela; incorpore el aceite, dore los ajos y retírelos, acitrone los ajos picados, la cebolla, el chile y dórelos ligeramente; añada el jitomate molido. Sazone con un poco de sal. Cocine hasta que espese y se vea el fondo de la cazuela; agregue la jaiba, las aceitunas y el perejil. Continúe su cocción hasta que espese. Rectifique su sazón.

PRESENTACIÓN:

En platos extendidos coloque al centro una tira de sal gruesa. Rellene las conchas con la jaiba preparada caliente, dándole forma de pirámide, salsee con un poco de jugo para humedecer el relleno; espolvoree en forma de línea con el perejil; gotee con el aceite de oliva extravirgen por un extremo y por el otro con el jugo del relleno.

VARIACIONES:

- Precaliente el horno a durante 45 minutos a 350 °F- 175 °C.
- Rellene las conchas con la jaiba preparada, salpique con el pan molido, rocíelas con el aceite extravirgen. Coloque las conchas en una charola de horno. Hornéelas durante 25-30 minutos, con la ayuda de unas pinzas páselas en un platón grande con una cama de sal gruesa y antes de servir espolvoree con perejil picado.
- En lugar de agregar el jitomate molido, añádale jitomate picado.
- Haga el relleno con camarones o pescado al vapor; desmenúcelo e incorpórelo a la salsa.
- Haga taquitos con tortillas recién hechas y rellene con la jaiba preparada.

NOTAS:

- Lave las verduras y los chiles con un cepillo o una esponja, después desinfecte por 15 minutos. Escurra y deje orear antes de utilizarlos en la receta.
- La jaiba debe ser muy fresca, y la debe desmenuzar muy bien.
- Agregue un poco de caldo si espesa la preparación de la jaiba.

ENCHILADAS
DE CHILES SECO

PARA LA SALSA:

½	taza de chiles serranos huastecos secos o comapeño asados en el comal a fuego bajo hasta que estén crujientes, tenga cuidado de no quemarlos porque amargan, puede cambiarlos por chiles serranos secos, de árbol o moras.
2	cucharadas de agua
3	dientes de ajo medianos, sin piel
1 a 1½	tazas de agua caliente
1¼	tazas de aceite o manteca quemada o al gusto
¾	cebolla mediana, cortada en cuarterones, desgajados
½-¾	cucharada de sal o al gusto

PARA LAS TORTILLAS:

800	g [28 oz] de masa fresca
	Agua tibia
	Aceite o agua de cal

PARA LAS ENCHILADAS:

24	tortillas de maíz recién hechas, delgadas

PARA LA GUARNICIÓN:

½	taza de cebolla mediana, finamente picada
1	taza de queso fresco de rancho rallado o desmoronado

PARA PREPARAR LA SALSA:

Precaliente un comal o una sartén, ase los chiles a fuego lento, salpíqueles poco a poco el agua, hasta que queden asados y crujientes. En un molcajete o en la licuadora muélalos junto con los ajos y el agua. Sazone con un poco de sal. Precaliente una cacerola o cazuela, incorpore el aceite, fría la cebolla hasta casi quemarla, retírela; agregue la salsa de los chiles, refríala. Rectifique la sazón. Mantenga la salsa caliente.

PARA PREPARAR LAS TORTILLAS:

Ponga la masa en un recipiente de cristal y suavícela con un poco de agua tibia, amásela hasta que tenga una consistencia homogénea y no pegajosa, tápela y déjela reposar durante 15 minutos. Precaliente el comal durante 10 minutos, ligeramente barnizado con aceite o agua de cal; prepare una máquina tortilladora con dos cuadros de plástico de 14 cm [6 in] cada uno, tome ½ cucharada de masa y forme una bolita; presione la tortilladora en forma de zigzag para que la tortilla se extienda, sin presionar demasiado; despegue la tortilla del plástico, déjela caer en la orilla del comal caliente y voltéela al centro del comal, para que esponjen.

PARA PREPARAR LAS ENCHILADAS:

Retírelas de inmediato del comal, dóblelas; sumérjalas en la salsa de chile caliente y sírvalas.

PRESENTACIÓN:

En platos individuales calientes, sirva las enchiladas sobreponiéndolas una con otra, haga una raya de salsa en un extremo y en el otro ponga la cebolla y el queso.

VARIACIONES:
- Sobre un platón precalentado coloque las enchiladas dobladas, adórnelas con la cebolla y el queso fresco de rancho. Sírvalas de inmediato.
- Sirva en platos individuales colocando una sobre otra, salpíquelas con el queso y la cebolla.
- Agregue crema
- Incorpore a la salsa ajonjolí o pepita ligeramente asada.
- Los chiles pueden ir molidos con menor cantidad de y refríalos en la manteca.
- La salsa queda mejor si se hace en cazuela de barro. Es una salsa que debe quedar semiespesa.
- Sirva las enchiladas solamente con cebolla picada. Acompáñelas con huevo estrellado o revuelto, con cecina, carne asada, pollo, pescado o mariscos.
- La salsa quedará más espesa si se le agrega de ½ a ¾ de taza de agua caliente.

NOTAS:
- Lave las verduras y los chiles con un cepillo o una esponja, después desinfecte por 15 minutos. Escurra y deje orear antes de utilizarlos en la receta.
- Los chiles secos se desinfectan sólo por 5 minutos, ya que pueden perder su aroma y consistencia.
- Si tuesta de más los chiles, amargan.
- Escurra las enchiladas dobladas y colóquelas en los platos. Adórnelas con la cebolla y el queso fresco de rancho.

CHILE ANCHO RELLENO
DE FRIJOL ESTILO GAVILLA
CON SALSA DE AGUACATE Y TOMATE VERDE

≈ PARA 8 PERSONAS

PARA LOS CHILES:

1	taza de agua
½	taza de vinagre de barril, de caña o de manzana
8	chiles ancho medianos, limpios, cortados con una pequeña incisión por un costado, desvenados
4	cucharadas de aceite de maíz
1½	cucharaditas de sal o al gusto

PARA EL RELLENO:

400	g [14 oz] de frijol negro limpio, remojado durante 6 horas o toda la noche Agua
8	dientes de ajo sin piel
½	taza de aceite o de manteca
1	cebolla grande, finamente picada
2	ramas de epazote frescas
1	cucharada de pasta de achiote
6	cucharadas de marinada de achiote marca "Gavilla"
1	jitomate grande, asado, molido
1	cabeza de ajo sin piel, partida por mitad
¼	cucharada de sal gruesa o al gusto
½-¾	cucharadas de sal fina o al gusto

PARA LA SALSA
DE AGUACATE Y TOMATE VERDE:

8	tomates verdes medianos, sin cáscara
1	diente de ajo sin piel
1	aguacate grande, maduro
4	cebollitas de Cambray limpias, finamente picadas
1 ó 2	limones, su jugo o al gusto
1	manojito pequeño de cilantro o al gusto, limpio
1	cucharadita de sal o al gusto

PARA PREPARAR LOS CHILES:

En un recipiente ponga el agua, el vinagre con la sal; mezcle con la ayuda de un globo; incorpore poco a poco el aceite; coloque los chiles y deje marinar por 1 hora. Escúrralos, hágales una pequeña incisión por un costado, desvénelos.

PARA PREPARAR EL RELLENO:

En una olla express con agua que cubra 4 veces más del tanto de los frijoles ponga a cocinarlos a fuego mediano, junto con los ajos y la sal hasta que se suavicen. Rectifique la sazón. Escurra y muela los frijoles. Reserve un poco del líquido donde se cocinaron los frijoles.

Precaliente una cacerola, vierta el aceite o la manteca; incorpore la cebolla picada, cocine hasta que acitrone; añada el epazote, el fríjol molido y refría. Sazone. Muela la pasta y la marinada de achiote con el jitomate asado; agréguela a los frijoles. Continúe su cocción hasta que espese. Vuelva a sazonar. Deje enfriar. Rellene los chiles.

PARA PREPARAR LA SALSA:

En la licuadora muela todos los ingredientes crudos hasta obtener una salsa semiespesa. Vuelva a sazonar.

PRESENTACIÓN:

En un platón grande semihondo ponga los chiles al centro y salsee con una cucharadita la salsa de aguacate por un costado. Acompañe con tortillas tostadas. El resto de la salsa pásela en una salsera.

VARIACIONES:
- Acompáñelos con arroz.
- Rellene los chiles ancho con el fríjol refrito y colóquelos sobre platos individuales. Bañe con la salsa de aguacate y tomate verde, sirva inmediatamente.
- La salsa de aguacate hágala con 2 jitomates medianos verdes ó 4 tomates verdes.

NOTAS:
- Lave las verduras y los chiles con un cepillo o una esponja, después desinfecte por 15 minutos. Escurra y deje orear antes de utilizarlos en la receta.
- Los chiles secos se desinfectan sólo por 5 minutos, ya que pueden perder su aroma y consistencia.
- Los chiles deberán estar suaves para que se puedan rellenar bien.
- Si los chiles están muy secos, póngalos en una bolsa de plástico en el refrigerador o refrigeración toda la noche y se suavizaran.
- Retire el capuchón y el recetario, meta la botella al horno de microondas y caliéntela durante 3 minutos, ayuda a aligerar la marinada.

GAVILLA

nacieron de la fecunda imaginación de Patricia Quintana, reconocida internacionalmente como una de las mejores chefs de México.

Los productos Gavilla están hechos con ingredientes naturales que le dan el toque de sabor y distinción a los platillos.

Estos aderezos y marinadas mantienen y guardan las cualidades de la tradición de la cocina casera.

ADEREZO DE MOSTAZA Y MIEL

Para ensaladas
Vegetales crudos o cocidos
(al vapor, a la plancha, o salteados)
Papas (al horno o ensalada)
Pescados y mariscos
Aves y carnes rojas
Carnes frías
Quesos

• Cocine alcachofas en agua con sal, escúrralas y báñelas con la vinagreta mientras estén calientes para que absorban el sabor.

• Prepare rebanadas de pan baguette o bolillos pequeños con una rebanada de queso brie y una de gruyère. Bañe con el aderezo y hornee hasta que los quesos se derritan. Sirva como botana.

• Cocine unos espárragos en agua con sal, escúrralos y bañe con el aderezo. Sirva como entrada o para acompañar pescado.

MARINADA DE ORÉGANO Y MEJORANA

Para marinar carnes y aves
Quesos (a la plancha o gratinados)
Verduras a la plancha

• Bañe unas pechugas de pollo con la marinada y cocínelas en una sartén gruesa. Acompañe con puré de papa.

• Rebane en tiras las pechugas marinadas y asadas; prepare una ensalada con jitomate, apio, aceitunas y aguacate. Añada un poco más de marinada fría antes de servir.

• Marine un queso panela, cocínelo en horno suave durante 20 minutos. Sirva como botana acompañado de pan integral.

MARINADA DE ACHIOTE

Para marinar pescados y mariscos
Cochinita, conejo o pollo a la pibil
Tamales
Mixiotes

• Marine pechugas de pollo con el achiote
y cocine en una sartén gruesa al carbón. Acompañe
con esquites servidos en hoja de elote. Sirva caliente.

• Bañe unos filetes de pescado y cocine al vapor
envueltos en hoja de plátano. Acompañe con arroz.

• El lomo de puerco puede marinarlo y cocerlo
al horno (destapado o tapado con papel aluminio),
bañe con el jugo durante la cocción.

• Sazone los frijoles refritos con 2 cucharadas
de achiote.

ADEREZO DE SOYA Y LIMÓN

Para ensaladas
Vegetales crudos o cocidos (al vapor, a la plancha, o salteados)
Arroz
Pasta fría
Quesos suaves
Sushi, pescados y mariscos
Para marinar brochetas (de aves y carnes rojas)

• Prepare unas pechugas deshuesadas y áselas en la plancha.
Añada un poco de aderezo antes de servirlas.

• Haga un caldo con fideos chinos, germinados, hongos y chícharos
chinos. Cuando suelte el hervor añada un poco de aderezo y cocine
hasta que las verduras estén listas. Sirva la sopa caliente.

• Cocine arroz blanco y antes de terminar la cocción incorpore
un poco de aderezo. Tape el recipiente y termine de cocinar.
Prepare una tortilla de huevo, píquela y sirva encima del arroz.

Esta obra fue impresa y encuadernada en abril de 2007
en los talleres I.G. Domingo, S.L. c/ Industria. 1
Sant Joan D´Espi (Barcelona) ESPAÑA.

El diseño de interiores y la formación tipográfica
estuvieron a cargo de Eduardo Romero Vargas.